左玉平·编著

中国梦
家乡情
Zhongguomeng Jiaxiangqing

我爱

河南

山东画报出版社

图书在版编目（CIP）数据

我爱河南/左玉平编著. —济南：山东画报出版社，2014.2

（中国梦家乡情丛书）

ISBN 978 - 7 - 5474 - 1205 - 3

Ⅰ.①我… Ⅱ.①左… Ⅲ.①河南省—概况—青年读物②河南省—概况—少年读物 Ⅳ.①K926.1-49

中国版本图书馆 CIP 数据核字（2014）第 029240 号

责任编辑　　许　诺
装帧设计　　林静文化
主管部门　　山东出版集团有限公司
出版发行

社　　址　济南市经九路胜利大街 39 号　邮编 250001
电　　话　总编室（0531）82098470　（010）61536005
　　　　　市场部（0531）82098479　82098476（传真）
网　　址　http://www.hbcbs.com.cn
电子信箱　hbcb@sdpress.com.cn
印　　刷　北京山华苑印刷有限责任公司
规　　格　165 毫米×225 毫米
　　　　　12 印张　40 幅图　112 千字
版　　次　2014 年 3 月第 1 版
印　　次　2014 年 3 月第 1 次印刷
定　　价　23.50 元

序 言 PREFACE

月是故乡明

"中国梦 家乡情"丛书出版了,可喜可贺!

对家乡故土的眷恋可以说是人类共同而永恒的情感,对家乡和祖国充满热爱与牵挂,更是具有深厚文化底蕴和历史积淀的中华民族传统美德。

"乡愁是一枚小小的邮票,我在这头,母亲在那头。"台湾著名诗人余光中的《乡愁》诗曾在海峡两岸同胞心中激起强烈的共鸣。诗人把对亲人、家乡、祖国的思念之情融为一体,表达出远离故乡的游子渴望叶落归根的浓郁而又强烈的家国情怀。纵览历史长河,历代志士仁人留下了多少对家乡魂牵梦萦的不朽诗篇,激励着一代代中华儿女的爱国思乡情怀。李白的"举头望明月,低头思故乡",杜甫的"露从今夜白,月是故乡明",无一不是抒发浓浓的思念故土之情。

民族传统文化是一条奔流不息的长河，从古至今绵延不绝。家乡是一棵枝繁叶茂的大树，守护着我们的生命，铭记着我们的归属。而薪火相传的家乡文化则是一方沃土，拥有着最厚重、最持久、最旺盛的生命力，滋养着一代又一代的青少年茁壮成长。中国有着九百六十万平方公里的土地和辽阔的领海，山河壮丽，幅员辽阔，物华天宝，人杰地灵。不同的地域有着不同的源远流长的家乡文化，辉煌灿烂，博大精深，特色鲜明，各有千秋。

　　一方水土孕育一方文化，一方文化影响一方经济造就一方社会。在中华大地上，不同地域有着不同的自然地理环境、民俗风情习惯、政治经济情况，形成了各具特色的地域文化。中国是世界上最古老的文明国家之一，有着几千年光辉灿烂的文明历史，行政区划的历史也十分悠久。从公元前688年的春秋时期开始置县，中国的行政区划至今已有2500多年的历史。作为最高一级的行政区划单位，省级行政区域的设立和划分起源于元朝。后来不同朝代和历史时期多有调整，到目前为止，我国共有23个省，5个自治区（自治区是中国少数民族聚居地方实行民族区域自治而建立的相当于省的行政区域），4个直辖市（直辖市是人口比较集中，在政治、经济、文化等方面具有特别重要地位的省级大城市），2个特别行政区（特别行政区与省、自治区、直辖市同属直辖于中央人民政府的地方行政区域）。此外，台湾作为一个省份，也是

中国领土不可分割的组成部分。这套丛书即是以省级行政区划为单元分册编写的。

这套丛书以青少年为阅读对象，力求内容准确可靠，详略得当，行文通俗，简洁流畅，注重知识性、趣味性、可读性，让青少年较为系统地了解家乡的自然环境、山川河流、资源物产、悠久历史、杰出人物、文化遗产、民俗风情、名胜古迹、经济建设等方面的情况，感受祖国各地的家乡之美。通过这些文化元素的熏陶，培养青少年对祖国和家乡的朴素感情，引导青少年热爱生于斯、长于斯的这片沃土，陶冶情趣，铸造性情。希望广大青少年认真阅读，汲取这套家乡文化读本中的精华，进而树立热爱家乡、热爱祖国的决心和信念，为建设家乡、建设祖国贡献力量。

（原新闻出版总署署长）

2014 年 2 月 6 日

目 录 CONTENT

第一章

壮美的中原大地

　　河南省位于中国的中东部，黄河中下游，以洛阳为中心地区，因大部分地区位于黄河以南，故称河南。省会是郑州市。河南省东接安徽、山东，北界河北、山西，西接陕西，南临湖北，呈望北向南、承东启西之势。河南简称"豫"。这是因为在远古时期，黄河中下游地区河流纵横，森林茂密，野象众多，河南被形象地描述为人牵象之地，这就是象形字"豫"的根源。《尚书·禹贡》中将天下分为"九州"，河南省属豫州，豫州居天下九州的中心位置，因此河南省被称为中原大地、中州大地。

∧河南云台山丹霞地貌

第一节　河南的自然环境概述

一、地理环境

河南省总面积 16.7 万平方公里，约占全国总面积的 1.73%，在全国各省区市中排在第 17 位。河南省的土地类型复杂多样，有山地丘陵也有平原和盆地。多种多样的土地类型为农、林、牧、渔业的综合发展提供了有利的条件。

河南省的地势西高东低，三面环山，北、西、南三面太行山、伏牛山、桐柏山、大别山沿省界呈半环形分布；中、东部为华北平原南部；西南部为南阳盆地。

中国大陆的地貌具有从西往东呈三个地貌台阶逐级降低的特点，河南省处于第二级地貌台阶和第三级地貌台阶。西部的伏牛山和北部的太行山等山地属于第二级地貌台阶，海拔一般在 1000 米以上。东部平原、南阳盆地及其东南部山地、丘陵属于第三级地貌台阶。

河南省的地貌不仅具有自西向东逐级降低的特点，而且具有由北向南明显过渡的性质。河南省地貌的大体格局，就是西北大半部地区和东南部地区是山地丘陵、东部、北部大半部地区和西南部地区是广阔的平原和大型盆地。河南省的地貌条件十分复杂，土地类型多种多样，区域差异性极为显著。

二、气候特征

河南省属于暖温带—亚热带、湿润—半湿润季风气候。气候特征一般是冬季寒冷雨雪较少，春季干旱风沙较多，夏季炎热雨水丰沛，秋季晴和日照充足。河南省的年平均气温一般在12℃—16℃之间，一月 –3℃—3℃，七月24℃—29℃。气温的大体趋势是东高西低，南高北低，山地与平原之间气温差异比较明显。气温的年较差、日较差都比较大。1951年1月12日，在河南省安阳市出现极端最低气温 –21.7℃；1966年6月20日，在河南省洛阳市出现极端最高气温44.2℃。河南省的全年无霜期从北往南为180—240天。河南省的年平均降水量约为500—900毫米，全年降水的50%集中在夏季，南部及西部山地较多，大别山区可达1100毫米以上。

河南省处于南北气候过渡地带，是我国气象灾害频繁发生的省份之一。气象灾害种类多、强度大、频率高，暴雨（雪）、干旱、大风、雷电、冰雹、沙尘暴、霜冻等自然灾害时有发生。每年气象灾害造成的经济损失约占全省生产总值的1—3%，每年由各种灾害造成的农作物受灾面积大约为200多万公顷，直接经济损失100多亿元。气象灾害已经成为制约河南省经济社会发展、危及人民群众生命财产安全的重要因素。

三、行政区划

至2010年底，河南省辖18个省辖市，其中有地级市17个、省直管市1个，50个市辖区、20个县级市、88个县，下辖464个街道办事处、1892个乡镇。2011年河南省实施省财政直管县试点，省直管市扩大至11个，

分别是济源市、巩义市、永城市、汝州市、邓州市、滑县、长垣县、固始县、鹿邑县、兰考县、新蔡县，其中济源市由河南省直辖，其余县市由所属地级市代管。

河南省的城市化战略格局是，12个城市沿着一横一纵两条重要铁路干线分布。"一横"陇海铁路城市带：商丘、开封、郑州、洛阳、三门峡；"一纵"京广铁路城市带：安阳、鹤壁、新乡、郑州、许昌、漯河、驻马店、信阳。

自2009年6月至2011年底，河南省人民政府共先后批复建设郑州新区、洛阳新区、焦作新区、漯河新区、南阳新区、商丘新区、安阳新区、平顶山新区等十个城市新区，其中郑州新区、洛阳新区为正厅级，其余新区为副厅级。

河南政区图 >

壮美的中原大地

城市	面积 （km²）	人口 / 万人	区号	车牌	市辖区（县、代管市）
郑州市	7446	862.7	0371	豫 A	中原区｜二七区｜金水区｜惠济区｜上街区｜管城回族区｜新郑市｜巩义市｜登封市｜新密市｜荥阳市｜中牟县
开封市	6444	467.6	0378	豫 B	鼓楼区｜龙亭区｜顺和回族区｜禹王台区｜金明区｜开封县｜杞县｜通许县｜尉氏县｜兰考县
平顶山市	8867	490.4	0375	豫 D	新华区｜卫东区｜石龙区｜湛河区｜汝州市｜舞钢市｜宝丰县｜叶县｜鲁山县｜郏县
洛阳市	15208	654.9	0379	豫 C	涧西区｜西工区｜老城区｜瀍河回族区｜洛龙区｜吉利区｜偃师市｜伊滨区｜孟津县｜新安县｜洛宁县｜宜阳县｜伊川县｜嵩县｜栾川县｜汝阳县
商丘市	10704	736.2	0370	豫 N	梁园区｜睢阳区｜永城市｜柘城县｜虞城县｜夏邑县｜宁陵县｜民权县｜睢县
安阳市	7413	517.2	0372	豫 E	北关区｜文峰区｜殷都区｜龙安区｜林州市｜安阳县｜滑县｜汤阴县｜内黄县

城市	面积（km²）	人口/万人	区号	车牌	市辖区（县、代管市）
新乡市	8629	570.8	0373	豫G	卫滨区|红旗区|牧野区|凤泉区|卫辉市|辉县市|新乡县|长垣县|获嘉县|原阳县|延津县|封丘县
许昌市	5260	430.7	0374	豫K	魏都区|禹州市|长葛市|许昌县|鄢陵县|襄城县
鹤壁市	2299	156.9	0392	豫F	淇滨区|山城区|鹤山区|浚县|淇县
焦作市	4071	353.9	0391	豫H	解放区|中站区|马村区|山阳区|沁阳市|孟州市|修武县|博爱县|武陟县|温县
濮阳市	4266	359.8	0393	豫J	华龙区|濮阳县|清丰县|南乐县|范县|台前县
漯河市	2617	254.4	0395	豫L	源汇区|郾城区|召陵区|舞阳县|临颍县
三门峡市	10309	223.3	0398	豫M	湖滨区|义马市|灵宝市|渑池县|陕县|卢氏县
周口市	11959	895.3	0394	豫P	川汇区|项城市|鹿邑县|沈丘县|郸城县|淮阳县|太康县|扶沟县|商水县|西华县

城市	面积（km²）	人口/万人	区号	车牌	市辖区（县、代管市）
驻马店市	15083	723.1	0396	豫 Q	驿城区｜确山县｜泌阳县｜遂平县｜西平县｜上蔡县｜汝南县｜平舆县｜新蔡县｜正阳县
南阳市	26600	1026.3	0377	豫 R	卧龙区｜宛城区｜邓州市｜南召县｜方城县｜西峡县｜镇平县｜内乡县｜淅川县｜社旗县｜唐河县｜新野县｜桐柏县
信阳市	18819	610.9	0376	豫 S	浉河区｜平桥区｜固始县｜罗山县｜光山县｜新县｜商城县｜潢川县｜淮滨县｜息县

第二节　河南的山川

一、太行山

太行山又被称作五行山、王母山、女娲山。太行山北起北京西山，南达豫北黄河北崖，西接山西高原，东临华北平原。太行山是重要的地理分

太行山 >

界，山以西是黄土高原，以东是黄淮海平原。太行山是山西东部、东南部与河北、河南两省的天然界山。

太行山绵延400余公里，山体大部分海拔在1200米以上。2000米以上的高峰有河北的小五台山、灵山、东灵山、白石山，山西的南索山、阳曲山等。北端最高峰为小五台山，海拔2882米；南端高峰为陵川的佛子山、板山，海拔分别为1745米、1791米。

太行山由多种岩石结构组成，山体中段出露部分片麻岩，南段和北段主要为石灰岩，呈现不同的地貌。山地东侧是明显的断层，许多地段形成近1000公尺的断层岩壁，气势雄伟。山脊西侧转为缓坦的高原。山地受拒马河、滹沱河、漳河、沁河等切割，多横谷，当地称为"陉"。太行山中多东西向的"陉"，著名的有军都陉、蒲阳陉、飞狐陉、井陉、滏口陉、白陉、太行陉、轵关陉等，古称太行八陉。这是古代晋、冀、豫三省穿越太行山相互往来的八条咽喉要道，也是三省交界处的重要军事关隘所在之地。

太行山中多雄关，著名的有位于河北的紫荆关，山西的娘子关、虹梯关、壶关、天井关等。山西高原的河流经太行山流入华北平原，流曲深澈，峡谷毗连，多瀑布。河谷及山前地带多泉水，以娘子关泉为最大。河谷两

9

崖有多层溶洞，著名的有陵川的黄围洞、晋城的黄龙洞、黎城的黄崖洞和北京房山的云水洞等。在太行山深山区河北赞皇县，有世界最大的天然回音壁。

太行山储藏有丰富的煤炭资源，从北到南，煤炭资源丰富，还有铁、铜、钼、金、钨等。太行山东翼断陷盆地中分布有井陉、临城、峰峰、六河沟等著名煤矿。

太行山对夏季风有明显阻滞作用，迎风坡降水较多，并形成暴雨区。山地东侧为地震强烈活动带。太行山的自然植被随垂直温差而异，如小五台山南坡，1000 米以下为灌木；1000 米以上偶有云杉或落叶松。北坡1600 米以下是夏绿林，1600—2500 米是高亚草原。

二、伏牛山

关于伏牛山有着非常美丽的传说。

在嫦娥奔月之前，有一神人把她养的一头黑牛带进了天宫，被王母娘娘派往蟠桃园耕地。有一次，嫦娥去天宫借牛耕地，王母娘娘不同意。黑牛便悄悄地衔着嫦娥的衣带来到月宫。王母娘娘知道后大怒，将黑牛打入东海受罚。善良的嫦娥派蟾蜍把黑牛搭救出海。王母娘娘又派天将去捉拿黑牛，黑牛一头扎进地穴躲了起来，被凶恶的天将封死在里面。黑牛运功变成了巨大的神牛，但是，始终没能撑破地皮钻出来。从此，平地便隆起了八百里伏牛山。

伏牛山属于秦岭山脉东段，西北—东南走向，东西绵延八百余里，位于河南省的西南部。西北接熊耳山，南达南阳盆地，东南临桐柏山，是一座景色优美的世界地质公园。

伏牛山是我国北亚热带向暖温带的过渡地带，也是华北、华中、西南植物的镶嵌地带，属于暖温带落叶阔叶林向北亚热带常绿落叶混交林的过

伏牛山 >

渡区。山区内森林植被保存完好，森林覆盖率达88%，是北亚热带和暖温带地区天然阔叶林保存较完整的地段。伏牛山是河南省境内平均海拔最高，人类活动相对稀少，地质地貌、自然生态保存完好的山水胜地。特殊的地理位置和复杂多样的生态环境条件，使本区保存了丰富的生物多样性资源。山区内维管束植物有2879种，其中有中国特有属37个、单属种59个，国家重点保护野生植物有连香树、香果树等32种。伏牛山是中国动物区划古北界和东洋界的分界线。野生动物中兽类有62种，占河南省兽类总

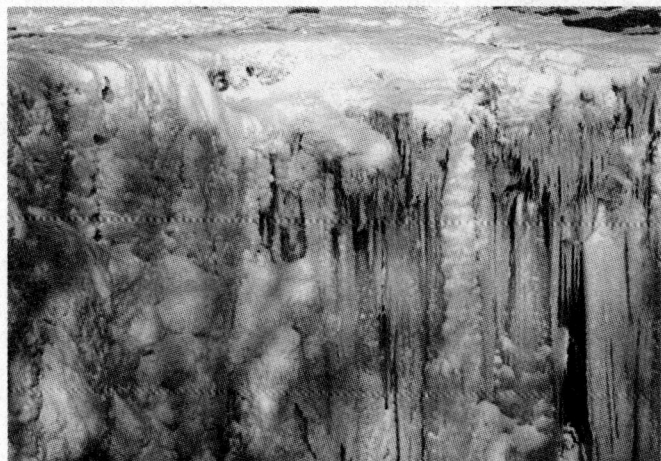

伏牛山地质公园 >

壮美的中原大地

数的 86%，鸟类有 213 种，占河南省鸟类总数的 71%，昆虫的种类则超过 3000 种，列为国家重点保护的野生动物有金钱豹、麝、大鲵等 50 多种。

伏牛山是淮河与汉江的分水岭，还是长江、黄河、淮河三大水系中一些支流的发源地，是重要的水源涵养林区。

三、桐柏山

桐柏山属淮阳山脉西段，西北—东南走向，位于河南省、湖北省边境地区，其主脊北侧大部在河南省境内。桐柏山西北起自南襄盆地（亦称南阳盆地）东缘，东南止于武胜关至湖北大梧县与大别山相接，西南至湖北省枣阳、应山一线，东北界大致在河南洪仪河、桐柏县，湖北淮河店、董家河、浉河港至谭家河一带，全长 120 余公里。

桐柏山位于秦岭向大别山的过渡地带上，区内奇峰竞秀，层峦叠嶂，森林密布，瀑泉众多，景象万千，更难得的是桐柏山还具有南北气候交汇区位最为完整的自然生态环境和中原罕见的原始次生植被。

< 桐柏山

我爱河南

桐柏山是千里淮河的发源地。淮河被华夏儿女尊为"风水河"，与黄河、长江、济水并称为中国古代的"四渎"，秦始皇26年（公元前221年），诏令祭祀名山大川，其川有二：曰淮曰济。此地始建淮祠，即淮渎庙。之后历代帝王为赐福消灾，对淮河之神由东渎大淮之神，封到长源公、长源王，其庙宇在历次修复中也按王公规模愈发宏伟壮观，各种殿堂、楼、台、亭、阁及各种显示其崇高权威的饰物如石狮、水兽、旗杆、华表等应有尽有。每年初春朝廷钦差前来祭淮神，在淮渎庙前文官下轿，武官下马，步行入内，一般随员则要匍匐前进。庙院内碑碣林立，古柏参天。明代开国皇帝朱元璋亲自撰文，刻巨碑立于庙内；清康熙御书"灵渎安澜"致祭；雍正书"惠济河漕"赐庙，淮渎成为中国当时建庙时间最早、规格最高、规模最大的庙宇。独特的淮源景胜引来诸多名人骚客到这里赏游咏叹，汉刘邦，唐李白、杜甫，宋苏轼、蔡襄等都曾漫游至此，明代"弘正七子"之一的何景明则自号大复山人常住这里（桐柏山又名大复山）。历代文人墨客来这里赏景吟诗的不下百人，传世作品多达300多件。

千里淮河发源于桐柏山主峰太白顶。桐柏山主峰太白顶，海拔1140米，又名凌云峰、白云山、胎簪山，以水分界，湖北省随州市随县与河南省南阳市桐柏县各占一半。太白顶上建有一井，称之"小淮井"。淮河从这里开始奔涌千余公里，流域面积达27万平方公里。大淮井终年丰沛，从未枯竭。唐代茶圣陆羽考察天下沏茶名泉时，将淮源之水列为"天下第九佳水"。

专家评价桐柏山"比华山高险、与黄山竞秀"。桐柏山区域不仅有独特的淮源文化，更兼具盘古文化、佛道文化、地质文化和苏区文化。

四、大别山

大别山的名称早在3000多年前的《尚书·禹贡》中就有记载。

大别山名称的由来，说法不一。有人说她得名于李白，相传当年李白登上了大别山最高峰白马尖（海拔 1777 米），观赏了南北二侧的景色，发现山南山北二侧景色截然不同，不禁赞叹道："山之南山花烂漫，山之北白雪皑皑，此山大别于他山也！"大别山由此得名。

另外一个说法来源于地缘学界，据地缘文化学者考证，现在的大别山所在地在远古时代曾是一片汪洋，大约 20 亿年前，由于地壳运动，这里的地面开始隆起，才逐渐形成了现在的大别山。大别山与西部的秦岭横亘于我国中部，连绵千余公里，是中国南北水系的分水岭。由于它分开了长江、淮河两大水系，也分开了吴国、楚国两地，从而使得南北两地的气候环境和风俗民情截然有别，所以叫做大别山。

还有一个说法带有神话色彩，据说在洪荒之世，天地浑然一体，亿万生灵被挤压在昏暗的天地之间，后来有一座山訇然升起，用它的脊梁把苍天高高撑起，从此有了天地之分，万物生灵也得以获得光明。由于这座山分出了天和地，分出了白天和黑夜，使天地有别，便取名为大别山。

大别山位于安徽省、湖北省和河南省的交界处，西接桐柏山，东延为霍山（也称皖山）和张八岭，东西绵延约 380 公里，南北宽约 175 公里。西段作西北—东南走向，东段作东北—西南走向，长 270 千米，一般海拔

< 大别山

500—800 米。大别山主峰白马尖，海拔 1777 米，位于安徽省六安市霍山县南。山地主要部分海拔 1500 米左右，是长江与淮河的分水岭。

大别山山地被断层分割成许多菱形断块，东南侧黄梅到桐城一带，山麓线挺直，山坡陡到 50° 以上，是明显的断层崖。山地南北侧修建了许多水库，有梅山、佛子岭、白莲崖等水库。现存森林以马尾松、杉、栎为主。大别山区是中国茶叶主产区，其中六安瓜片、霍山黄芽、豫南信阳毛尖、信阳红茶、鄂东北的汉绿、岳西县翠兰都是有名的品种，霍山县茶叶年产量位居全国第三。板栗、油桐、油茶、丰店乌桕、漆树等经济林木在低山丘陵区广泛分布。

大别山东视南京，西隔武汉，是我国著名的革命老区。

知识小百科

四渎

四渎是对我国古代对四条独流入海的大河的称呼，即长江、黄河、淮河、济水。《尔雅·释水》："江、河、淮、济为四渎。四渎者，发源注海者也。"说明了奉江、河、淮、济为四渎的原因是此四者均流入大海。四渎是中国民间信仰的河流神的代表。这种信仰源于中国古代的自然崇拜，因为古人认为凡能出云为风雨见怪物的都是神，河流给人们丰富的水源，有可供给人们食用的各种鱼类，但有时也有威胁人类生命的各种怪物，于是对之产生敬畏之情，立庙祀之。从周朝开始，四渎神就作为河川神的代表，由君王来祭祀。这种祭祀直至汉代。从汉宣帝开始正式列四渎神入国家祀典。唐代始称大淮为东渎，大江为南渎，大河为西渎，大济为北渎。明代则去前代所封号，则东渎为"大淮之神"，南渎为"大江之神"，西渎为"大河之神"，北渎为"大济之神"。

第三节　南阳盆地——"走岗不见岗，走凹不见凹"

南阳盆地，也叫南襄盆地（南阳襄阳盆地）。位于秦岭、大巴山以东，桐柏山、大别山以西，其北是秦岭山脉东端的伏牛山地，其南是大巴山脉的东端。周边的山脉恰好把这块地方给围了起来，从而形成了盆地。南阳因地处伏牛山以南、汉水之北而得名。

南阳盆地，在中国的地理版图上，这是一块极为特殊的地方。这块地区位于中国地势上"第二台阶"与"第三台阶"的交汇处，第二台阶即除青藏高原（第一台阶）之外的高原与山地地区，而第三台阶则主要是东部的平原地区，从这里向东西两面伸展，有着无尽的平原与山地资源。秦岭挡住了北方的沙尘与冷空气，大巴山隔离了南方的炎热与潮湿。所以，南

< 南阳盆地

我爱河南

阳盆地在中国版图上，具有南北居中、东西居中的特殊地位，为中国的核心腹地。

南阳盆地边缘分布有波状起伏岗地，岗地海拔140—200米，岗顶平缓宽阔，岗地间隔以浅而平缓的河谷凹地，呈和缓波状起伏。盆地中部为海拔80—120米的冲积洪积和冲积湖积平原。常形成"走岗不见岗，走凹不见凹"景象。盆地向南敞开，与湖北襄樊盆地相连，地势自西、北、东向盆内倾斜，坡度1/3000—1/5000，盆中平原海拔80—100米。地貌形态结构具有明显的环状和阶梯状特征，外围为低山丘陵所环抱，边缘地带为波状起伏的岗地和岗间凹地，岗地以下是倾斜和缓的平原。南阳盆地和淮北平原之间，有一宽约10千米左右的方城缺口相连通，是沟通江、淮间的有利地形。

南阳盆地，在气候上处于亚热带向暖温带的过渡地带，属典型的半湿润大陆性季风气候，气候温和，冷热适宜，年降雨量800—1000毫米，雨量充沛，光照充足，无霜期长，自然灾害相对较少。水资源总量70.35亿立方米，淡水充足且水质良好。植被状况良好，物种多样。土壤肥沃，盛产小麦、杂粮、水稻和棉花、芝麻、烟叶等，是河南省商品粮、油、棉、烟基地之一，素有"中州粮仓"之美称。仅河南南阳市，以全省12.9%、

南阳盆地风景 >

中国 0.7% 的耕地，生产全省 11%、中国 1% 的粮食，全省 20%、中国 4% 的棉花，全省 13%、中国 2% 的油料。

南阳盆地位于中国最核心、最坚硬的"中央造山带"的陷落处。中国的"中央造山带"，即指昆仑山—秦岭大巴山—桐柏山大别山—郯庐断裂带—苏鲁造山带，这一绵延东西的造山带。这是东亚大陆上最坚硬的造山带，其地质上是由华北板块与华南板块相撞击形成的。比如，秦岭山脉就是华北板块的南缘，而大巴山脉则是华南板块的北缘。秦岭大巴山脉在南阳盆地处，突然几乎消失，成为了盆地，但继续向东又以桐柏山、大别山的方式出现了。也就是说，南阳盆地其实是位于中央造山带上，不但如此，南阳盆地还是中央造山带的东西方向和南北方向的中心。

第四节　河南的河流与湖泊

中国四大水系——黄河、淮河、海河、长江都出现在河南省境内。母亲河黄河横贯中部，境内干流 711 公里，流域面积 3.62 万平方公里，约占全省面积的 1/5。淮河位于河南中南部，干流长 340 公里，流域面积 8.83 万平方公里，约占全省面积的 1/2。北部的卫河、漳河流入海河。西南部的丹江、湍河、唐白河注入汉水。河南境内河流纵横有 1500 条之多，流域面积 100 平方公里以上的河流有 493 条。因受地形影响，大部分河流发源于西部、西北部和东南部的山区，流经河南省的形式可分为四类：穿越省境的过境河流、发源地在河南的出境河流、发源地在外省而在河南汇流及干流入境的河流，以及全部在省内的境内河流。河南境内也有许多的湖泊，比如平西湖、南湾湖等。

河南省各流域地形分类面积统计　　（单位：km²）

流域	总面积	山丘区	平原
淮河流域	86090	31411	54679
长江流域	27710	21100	6610
黄河流域	36030	23178	12852
海河流域	15300	6182	9118
全省总计	165130	81871	83259

注：本表根据 1996 年 10 月《河南省水中长期供求计划》中资料摘编。

一、淮河流域河流——淮河、洪河、颖河

淮河流域的主要河流有淮河干流及淮南支流、洪河、颖河和豫东平原河道。淮河干流及淮南支流均发源于大别山北麓，占省内淮河流域总面积的 17.5%。淮河左右两岸支流呈不对称型分布。山丘河流源短流急，进入平原后，排水不畅，比较容易造成洪涝灾害。

（一）淮河干流及淮南支流

淮河干流发源于桐柏县桐柏山太白顶，向东流经信阳、罗山、息县、潢川、淮滨等县境，在固始县三河尖乡的东陈村入安徽省境，省界以上河长 417 公里，淮河干流水系包括淮河干流、淮南支流及洪河口以上淮北支流流域面积 21730 平方公里。由于淮河干流排水出路小，防洪除涝标准低，致使沿淮干流和各支流下游平原洼地，经常容易发生洪涝灾害。

（二）洪河水系

洪河发源于舞钢市龙头山，流经舞阳、西平、上蔡、平舆、新蔡，于淮滨县洪河口汇入淮河，全长 326 公里，班台以下有分洪道长 74 公里，流域面积 12325 平方公里。流域形状上宽下窄，出流不畅，易成水灾。汝河是洪河的主要支流，发源于泌阳五峰山，全长 222 公里，流域面积 7376 平方公里。臻头河为汝河的主要支流，发源于确山鸡冠山，于汝南汇入汝河，河长 121 公里，流域面积 1841 平方公里。

（三）颖河水系

颖河水系，位于河南省腹地，是淮河流域最大的河系。在河南省境内，颖河水系也俗称沙颖河水系，以沙河为主干，周口以下至省境段也俗称沙河。此处仍以颖河为主干记述。颖河发源于嵩山南麓，省界以上河长 418 公里，流域面积 34400 平方公里。颖河南岸支流有沙河、汾泉河，北岸支流有清潩河、贾鲁河、黑茨河。

二、黄河流域河流——洛河、沁河、金堤河

黄河干流自灵宝市进入河南省境，流经 7 个市中的 24 个县（市、区）。黄河干流孟津以西是一段狭谷，水流湍急，孟津以东进入平原，水流骤缓，大量沉积泥沙，河床逐年淤高，两岸设堤，堤距 5—20 公里，主流摆动不定，为游荡性河流。花园口以下，河床高出大堤背河地面 4 ~ 8 米，形成悬河，

黄河母亲像 >

壮美的中原大地

涨洪时期，威胁着下游广大地区人民生命财产的安全，成为防汛的心腹之患。干流流经兰考县三义寨后，转为东北行，基本上成为河南、山东的省界，至台前县张庄附近出省，横贯全省长达711公里。

黄河在省境内的主要支流有洛河、沁河、金堤河、天然文岩渠等。

（一）洛河水系

洛河发源于陕西省蓝田县境，流经河南省的卢氏、洛宁、宜阳、洛阳、偃师，于巩义市神北村汇入黄河，总流域面积19056平方公里，省内河长366公里。省内面积17400平方公里。主要支流伊河发源于栾川县熊耳山，流经嵩县、伊川、洛阳于偃师县杨村汇入洛河，河长268公里，流域面积6120平方公里。伊、洛河夹河滩地低洼，易发洪涝灾害。

（二）沁河水系

沁河发源于山西省平遥县黑城村，由济源市辛庄乡火滩村进入河南省境，经沁阳、博爱、温县至武陟县方陵汇入黄河。总流域面积13532平方公里，省内面积3023平方公里，省内河长135公里。沁河在济源五龙口以下进入冲积平原，河床淤积，高出堤外地面2—4米，形成悬河。主要支流丹河发源于山西省高平县丹珠岭，流经博爱、沁阳汇入沁河。总流域面积3152平方公里，全长169公里，省内面积179平方公里，省内河长46.4公里。

（四）金堤河、天然文岩渠

金堤河、天然文岩渠均属平原坡水河道。金堤河发源于新乡县荆张村，上游先后为大沙河、西柳青河、红旗总干渠，自滑县耿庄起始

为金堤河干流，流经濮阳、范县及山东莘县、阳谷，到台前县东张庄汇入黄河，干流长 159 公里，流域面积 5047 平方公里。天然文岩渠源头分两支，南支称天然渠，北支称文岩渠，均发源于原阳县王禄南和王禄北，在长垣县大车集汇合后称天然文岩渠，于濮阳县渠村入黄河，流域面积 2514 平方公里。由于黄河淤积，河床逐年抬高，仅在黄河小水时，天然文岩渠及金堤河的径流才有可能自流汇入，黄河洪水时常造成对两支流顶托，排涝困难。

三、海河流域河流——卫河、马颊河、徒骇河

海河水系的主要河流有卫河干支流和徒骇河、马颊河。徒骇河、马颊河属平原坡水河道。卫河及其左岸支流峪河、沧河、淇河、汤河、安阳河源出太行山东麓，坡陡流急，下游进入平原，水流骤缓，宣泄能力低，洪水常沿共产主义渠、良相坡、长虹渠、白寺坡、小滩坡、任固坡等坡洼地行洪滞洪，并顶托卫河右岸平原支流汛内沟、杏圆沟、硝河、志节沟排涝，常造成较重的洪涝灾害。

（一）卫河

卫河是河南省海河流域最大的河流，发源于山西省陵川县夺火镇，流经河南省博爱、焦作、武陟、修武、获嘉、辉县、新乡、卫辉、浚县、滑县、汤阴、内黄、清丰、南乐，入河北省大名县，至山东省馆陶县秤钩湾与漳河相会后进入南运河。省境以上河长 286 公里，流域面积 12911 平方公里。卫河在新乡县以上叫大沙河，1958—1960 年开挖的引黄共产主义渠，1961年停止引黄后，成为排水河道，该渠在新乡县西永康村与大沙河汇合，沿

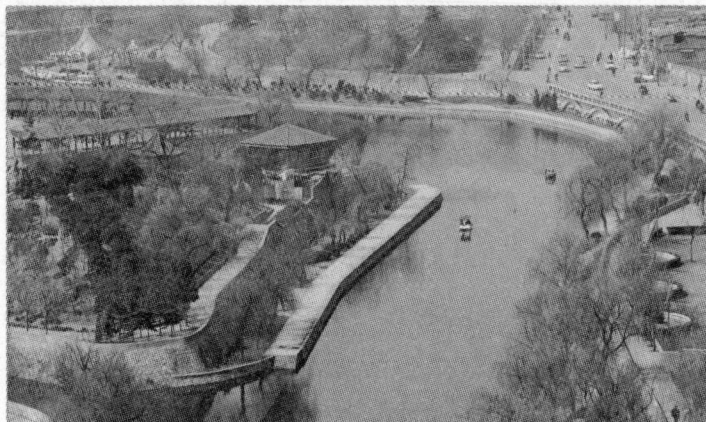

∧ 河南新乡卫河风光

卫河左岸行，截卫河左岸支流沧河、思德河、淇河后下行至浚县老观嘴，复注入卫河。

（二）马颊河、徒骇河

马颊河、徒骇河是独流入渤海的河流。马颊河源自濮阳县金堤闸，流经清丰、南乐进入山东省，省界以上河长62公里，流域面积1034平方公里。徒骇河发源于河南省清丰县东北部边境、流经南乐县东南部边境后入山东省，省界以上流域面积731平方公里。

四、长江流域河流——白河、唐河、丹江

河南省长江流域汉江水系的河流有白河、唐河、丹江，各河发源于山丘地区，源短流急，汛期洪水骤至，河道宣泄不及，常在白、唐河下游造成灾害。

我爱河南

（一）白河

白河发源于嵩县玉皇顶，流经南召、方城、南阳、新野出省。省内河长302公里，流域面积12142平方公里。主要支流湍河发源于内乡县关山坡。流经邓州、新野入白河，河长216公里，流域面积4946平方公里。其他支流有赵河和刁河。

（二）唐河

唐河上游东支潘河，西支东赵河，均发源于方城，在社旗县合流后称唐河，经唐河、新野县后出省。省内干流长191公里，流域面积7950平方公里。主要支流有泌阳河及三夹河。

（三）丹江

丹江发源于陕西省商南县秦岭南麓，于荆紫关附近入河南淅川县，经淅川老县城向南至王坡南进湖北省汇入汉江。省境内河长117公里，流域

丹江烟波 >

壮美的中原大地

面积7278平方公里。主要支流老灌河发源于栾川县伏牛山水庙岭，向南经西峡县至淅川老县城北入丹江，河长255公里，流域面积4219平方公里。支流淇河发源于卢氏县童子沟，于淅川县荆紫关东南汇入丹江，河长147公里，流域面积1498平方公里。

五、平西湖、南湾湖

（一）平西湖

平西湖，又名白龟山水库，位于淮河流域沙颍河水系沙河干流上，大坝位于平顶山市西南郊，距市中心9公里，因拦河坝和顺河坝（副坝）相接处有一白龟山而得名。东西长15.5公里，南北宽4.2公里，占地近70平方公里，库容量6.49亿立方米。拦河坝长1.64公里，高23.6米，顶宽6米。水库始建于1958年，1966年8月竣工。上游有昭平台水库，下游有泥沙洼滞洪区，左临颍河上有白沙水库，是一座综合治理沙颍河的水利枢纽工程。下游为京广铁路干线、平顶山、漯河、周口三市及豫皖平原，位置至为重要。水库控制流域面积2740平方公里，其中昭平台、白龟山水库间流域面积1310平方公里，水库多年平均降雨量900毫米，多年平均径流量4.23亿立方米。

白龟山水库是一座以防洪为主，兼顾农业灌溉、工业和城市供水综合利用的大型年调节半平原水库。水库工程按百年一遇洪水设计，千年一遇洪水校核，1998年10月进行了除险加固工程，达到两千年一遇洪水校核，总库容达到9.22亿立方米。

白龟山水库既有湖的秀姿，又有海的气魄，取名"平西湖"，散落在

荡漾碧波中的十几座沙洲，时沉时浮，若隐若现，组成有名的白龟沙洲。北岸工人疗养院沿湖而建，风格迥异的各式建筑依山临水，颇具水乡风味。南岸的宋寨村，是清代文学家、《歧路灯》作者李绿园的故里。村旁的鱼陵山上，有大小墓葬70余座，是战国、西汉古墓群。水库西北的滍阳（包括库区部分）是古应国故城，城西门外的滍阳岭，是西周应国贵族墓地。

（二）南湾湖

南湾湖，又称南湖，位于河南省信阳市，距离信阳市西南5公里，素有"豫南明珠"、"中原第一湖"的美称。南湾湖上游耸立着李先念战斗过的四望山；下游连着历史文化悠久的贤隐山。贤隐山上有迄今1400多年的"梁王垒"遗址；有与嵩山少林寺、洛阳白马寺、开封相国寺、南阳玄观庙齐名的贤隐寺；有奇异的仙人床、丈人石、动人神奇的平顶松传说。

∧ 南湾湖

　　登此山，东可眺信阳城貌，西可观南湖烟波。湖面东西宽20公里，南北长50公里，水域面积70平方公里。登上巨龙般的堤坝，放眼望去，眼前烟波浩淼，绿宝石般的岛屿星罗棋布，湖光山色，水天相连。湖的上游，便是荣获国家金奖的"信阳毛尖"的产地——"五云"诸山。

　　南湾湖水极清，极纯，清纯透明，又带了些微绿，时而碧空如洗，时而细雨霏霏。风平浪静之时，波澜不惊，有船驶过时，船首犁开水面，船后则拖起一条前窄后宽的浪迹，大风起时，掀起几尺高的浪花，浪花撞击船体，澎湃有声，置身其中，便有了"浪淘尽千古风流人物"的意境。湖上游有黑龙潭、白龙潭。南湾湖内众多岛屿，大小不一，形态各异，错落有致地散布在清碧的湖中，犹如"大珠小珠落玉盘"，美不胜收。鸟岛处处见鸟影，时时闻鸟鸣，以每年十万只候鸟在此繁衍栖息而名闻天下。

第五节　河南的区位交通——"居天下之中"

　　河南交通区位优势明显，"居天下之中"，是全国承东启西、连南贯北的重要交通枢纽，拥有铁路、公路、航空、水运等相结合的综合交通运输体系。

一、铁路

　　河南地处全国铁路网中心，在全国铁路网中具有举足轻重的地位。

　　京广、京九、太焦、焦柳、陇海、侯月、新月、新菏、宁西等9条铁路干线经过河南，形成了纵横交错、四通八达的铁路网。地方铁路里程居全国第一位，已形成"三纵五横"的铁路网络。

　　郑州、商丘、洛阳、南阳、新乡、信阳等都是国家铁路交通十字枢纽。郑州铁路枢纽是国内交通最为繁忙的客货运国家综合交通枢纽。郑州火车站是全国八大客运站之一，郑州北站是亚洲最大的铁路客货运编组站，郑州东站是全国最大的零担货物中转站，货物中转量占全国的十分之一，是国内最大的铁路运输业务中转站。新郑州东站、郑州高铁火车站是世界上首座、规模最大的设计时速350公里国家高速铁路特大型综合交通枢纽，京港高铁、新欧亚大陆桥徐兰高铁、郑渝高铁纵横中原腹地。高速铁路客运专线建设步伐加快，郑西铁路客运专线已经开通，石武铁路客运专线建设进展顺利，郑州即将成为全国铁路路网中的"双十字"中心。

∧ 郑石高速公路

二、公路

河南公路交通网络发达，京港澳高速、连霍高速、济广高速、大广高速等 9 条国家高速公路及 20 余条区域地方高速公路及 105、106、107、207、310、311、312 等 9 条国道纵贯河南，郑州、洛阳、商丘等城市均建有环城高速。截至 2011 年底，河南高速公路通车总里程达 5142 公里，连续五年位居全国首位；干线公路总里程达 1.8 万公里；农村公路通车总里程达到 22 万公里。全省城际公交线路达 10 条。农村客运实现了"乡乡有客运场站"的目标。

三、航空

河南省内有郑州新郑国际机场、洛阳北郊机场、南阳姜营机场、商丘机场、信阳明港机场五大民用航空机场。郑州新郑国际机场共开辟43条航线，通航城市达到46个，每周航班640架次，2005年旅客吞吐量达到297万人次，货邮吞吐量达到4.5万吨。国家民航总局将郑州航空港列为全国八大航空枢纽之一，以郑州为基地的航空公司分别为：中国南航、鲲

∧ 新郑国际机场

壮美的中原大地

鹏航空、深圳航空。深圳航空在郑州建设有国内第二大飞机维修基地。民航在河南对外开放和加强对外联系方面发挥着重要作用。

四 水运

河南水运集中在东南部地区的漯河、周口、驻马店、信阳，主要港口有漯河港、淮滨港、固始望岗港、周口港等几大内陆港口。

第二章

物产丰饶
——富足的自然资源

　　黄河小浪底水利枢纽工程不仅是中国治黄史上的丰碑，而且是世界水利工程史上最具有挑战性的杰作，也是我国跨世纪第二大水利工程。水库蓄水后在大坝上游所形成的浩淼水面、曲折河巷与雄伟山势竞相生辉，构成了"北国山水好风光——黄河小浪底"。

∧ 享誉世界的洛阳牡丹

第一节　复杂多样的土地资源

河南省的土地资源类型复杂多样。在全省总面积中，属北亚热带地区的有近 5 万平方公里（占总面积的 29.9%），其余土地处于暖温带地区。山地近 3.1 万平方公里，丘陵地 2.7 万余平方公里，冈地和黄土台塬地约 1.5 万平方公里，平原约 9.2 万平方公里，另有大型水域千余平方公里。土壤主要有棕壤、褐土、黄棕壤、盐碱土、潮土、砂姜黑土和水稻土等类型。土地资源利用状况如下：全省土地总面积 1655.36 万公顷。其中，农业用地 1229.09 万公顷，包括耕地 793.6 万公顷、园地 32.08 万公顷、林地 300.67 万公顷、牧草地 1.45 万公顷及其他农用地 101.30 万公顷；建设用地 212.44 万公顷，包括居民点工矿用地、交通用地、水利设施用地；未利用地及暂不能利用土地 213.83 万公顷。

河南省的土地资源在地域分布上呈现出明显的差异性。全省耕地面积的 3/4 集中分布在占全省总面积 55.7% 的平原区，而占全省总面积 44.3%

河南土地资源 >

物产丰饶——富足的自然资源

的丘陵土地，耕地面积仅占 1/4。各地区的土地资源开发条件也明显不同。东部黄淮海平原和南阳盆地中部和东南部，水土组合条件较好，是全省耕作农业的主体，是水浇地和水田的集中分布区，开发条件优越；豫西丘陵山区和南阳盆地边缘岗地区，水土条件相对较差，特别是大部分地区水资源严重不足，是全省主要的旱作农业区，土地资源开发难度大，投入产出率低，适宜发展林果业；南部亚热带湿润丘陵山地则有较好的水条件，土地开发潜力较大，具有发展亚热带林果业的优越条件。

第二节　储量丰富的矿产资源

　　河南省蕴藏着丰富的矿产资源，是全国矿产资源大省之一。目前，已发现各类矿产 126 种（含亚矿种为 157 种），探明储量的 73 种（含亚矿种为 81 种），已开发利用的 85 种（含亚矿种为 117 种）。其中，能源矿

< 钼

我爱河南

产6种，金属矿产27种，非金属矿产38种。金属矿产主要有铝土、钼、金、银、钨、锑、铁、钛、钒、铯、锂等，高度集中分布在广泛的山丘区。金、银、铝土和钼是河南的优势矿产，其中钼矿储量居全国第一位，铝土矿居第四位，金矿居第八位（产量稳居全国第二位），桐柏辉银矿是我国第一个特大型单独银矿床。非金属矿产主要有红柱石、天然碱、石棉、蓝晶石、铸型用砂岩、珍珠岩、天然油石等，储量均居全国前10位，主要分布在豫西南丘陵区。

　　河南省还是重要的能源基地。能源矿产主要有煤、石油、天然气、油页岩、地热和放射性铀等，其中以煤、石油和天然气为主，石油保有储量居全国第8位，煤炭居第10位，天然气居第11位。不仅储量丰富且地质条件也好，是河南三大优势能源矿产。煤炭主要分布在豫西、豫北和豫中地区，只有少数分布在豫东等地，产量居全国第二位；石油和天然气主要分布在沿黄河下游的冲积平原和南阳盆地等地，产量也居全国前10位。

第三节　得天独厚的水资源

　　河南省横跨中国四大水系——黄河、海河淮河、长江，境内有1500多条河流纵横交织，流域面积100平方公里以上的河流有493条。全省水资源总量413亿立方米，居全国第19位。人均水资源占有量和多年平均地表水资源量为313亿立方米，居全国第21位。其中淮河流域178.5亿立方米、黄河流域47.4亿立方米、海河流域20亿立方米、长江流域66.9亿立方米。水资源人均占有量440立方米，居全国第22位，为全国的1/5，世界的1/20。耕地亩均水资源占有量分别相当于全国的1/6。水力资源主

∧ 小浪底水利枢纽工程

要分布于西北、西部及南部山区，水力资源蕴藏量490.5万千瓦，可供开发量315千瓦。

目前，全省已修建水库2347座，总库容270亿立方米。农业有效灌溉面积479万公顷。中国跨世纪的特大型水利工程黄河小浪底水利枢纽已于2001年度全部竣工。

第四节　丰富多彩的动植物资源

河南省的动植物资源比较丰富。全省维管束（高等）植物有199科、1107属、3830种。其中，被子植物有160科，占全国同类总科数的63.7%；草本植物约占全国植物总科、属、种数的70%，木本只占30%。

全省林木覆盖率为20.34%。用材树种主要有马尾松、杉木、华山松、油松、泡桐、杨、柳、榆、槐等，经济林木主要有核桃、油桐、油茶、漆树等。药用植物多达1200余种，其中辛夷、山茱萸产量居全国第一位，四大怀药闻名海内外。竹类有6属、21种、1个变种、2个变型。山林之中还有极为丰富的山珍果味，如猴头、木耳、猕猴桃等。河南省已成为全国食用菌生产大省，其中平菇、毛木耳、白灵菇和天麻4种食用菌的种植量与产量均跃居全国第一位。主要农作物有35种之多，建有许多农产品国家基地，小麦、烟叶、玉米、棉花、大豆、芝麻、花生、西瓜等种植面积居全国前列。水果生产以苹果、葡萄、大枣、柿子等为大宗，特别是大枣产量和面积均居全国首位。此外，信阳毛尖是国内名茶之一，洛阳牡丹、鄢陵梅花等享誉中外。

河南省境内野生动物资源中约有哺乳类60种、鸟类300余种、爬行类35种、两栖类23种；有各种陆栖脊椎动物400余种，占全国总种数的

白冠长尾雉 >

物产丰饶——富足的自然资源

1/5左右。比较珍贵的动物有金钱豹、青山羊、猕猴、水獭、白冠长尾雉、金雕、大鲵（娃娃鱼）等。饲养动物中，优良畜、禽品种有20余个，主要有南阳黄牛、郏县红牛、泌阳驴、淮山羊、大尾寒羊、河南奶山羊、淮南猪、泛农花猪、固始鸡、淮南麻鸭、固始白鹅、安阳灰兔等。全省各类水域中，水生生物资源相当丰富，包括藻类浮游植物和浮游动物类。水生植物资源主要有挺水类植物、浮叶类植物和沉水类植物等。鱼类资源主要为鲤形目鱼类，共96种，占总数74.4%。全省129种鱼类中有40余种具有经济价值，其中黄河鲤鱼、淇河鲫鱼和丹江的鲴、鳜等都是较名贵的鱼类。特种水生经济动物也有广泛分布，主要有螺蛳、河蚌、黄蚬、草虾、青虾、大鲵（娃娃鱼）、金龟、夹板龟、甲鱼等。

知识小百科

自然资源

土地资源是在目前的社会经济技术条件下可以被人类利用的土地，是一个由地形、气候、土壤、植被、岩石和水文等因素组成的自然综合体。

矿产资源指经过地质成矿作用，使埋藏于地下或出露于地表、并具有开发利用价值的矿物或有用元素的含量达到具有工业利用价值的集合体。

水资源，从广义来说是指水圈内水量的总体。包括经人类控制并直接可供灌溉、发电、给水、航运、养殖等用途的地表水和地下水，以及江河、湖泊、井、泉、潮汐、港湾和养殖水域等。水资源是发展国民经济不可缺少的重要自然资源。

动植物资源，是指一切对人类的生产和生活有用的动植物的总和，包括食用性资源、工业性资源、生态保护性资源、种植性资源等。

第三章

"一部河南史，半部中国史"

　　数千年来，中原地区长期处于历史舞台的中心，和平时期这里是经济文化的繁荣之地，战乱时期这里又是兵家必争之地。这里的政治安危关乎天下兴亡，经济起伏关乎国家强弱，文化盛衰关乎民族荣辱。"一部河南史，半部中国史"，足见河南地区的历史在中国历史进程中发挥着无可比拟的作用。

∧ 安阳殷墟遗址

第一节　华夏文明初露曙光

　　优越的地理位置和得天独厚的自然条件，使河南成为中华民族和中华文明重要的发祥之地。"盘古开天，血为淮渎"就源自河南。传说故事说明，人类最早在河南生息。

　　"盘古开天"最早见于三国时徐整著的《三五历纪》。据民间神话传说，古时盘古生在黑暗混沌之中，他不能忍受黑暗，用神斧劈向四方，逐

盘古开天图 >

"一部河南史，半部中国史"

渐使天空高远，大地辽阔。他为不使天地会重新合并，继续施展法术。每当盘古的身体长高一尺，天空就随之增高一尺，经过1.8万多年的努力，盘古变成一位顶天立地的巨人，而天空也升得高不可及，大地也变得厚实无比，盘古已耗尽全身力气，从此，天地间的万物再也不会生活在黑暗中了。盘古长长地吐出一口气，慢慢地躺在地上，闭上沉重的眼皮，与世长辞了。伟大的英雄死了，但他的遗体并没有消失：盘古临死前，他嘴里呼出的气变成了春风和天空的云雾；声音变成了天空的雷霆；盘古的左眼变成太阳，照耀大地；右眼变成皎洁的月亮，给夜晚带来光明；千万缕头发变成颗颗星星，点缀美丽的夜空；鲜血变成江河湖海，奔腾不息；肌肉变成千里沃野，供万物生存；骨骼变成树木花草，供人们欣赏；筋脉变成了道路；牙齿变成石头和金属，供人们使用；精髓变成明亮的珍珠，供人们收藏；汗水变成雨露，滋润禾苗；盘古倒下时，他的头化作了东岳泰山（在山东），他的脚化作了西岳华山（在陕西），他的左臂化作南岳衡山（在湖南），他的右臂化作北岳恒山（在山西），他的腹部化作了中岳嵩山（在河南）。传说盘古的精灵魂魄也在他死后变成了人类。所以，都说人类是世上的万物之灵。盘古生前完成开天辟地的伟大业绩，死后留给后人无穷无尽的宝藏，成为中华民族崇拜的英雄。

盘古开天地，伏羲女娲繁衍人类，炎帝与黄帝开创多元一体的民族生存格局……文明在此初露曙光。在河南这片土地上，中国古代人类从穴居野处、构木为巢、茹毛饮血而衣皮革，到削石为器、狩猎捕鱼、学会用火、化生为熟，完成了由类人猿向现代人的进化，拉开了中华文明的第一幕。远在4000年前的新石器时代，中原人民就创造了著名的"裴李岗文化"、"仰韶文化"和"龙山文化"。

在约9000年前的裴李岗文化时期，河南先民开启了原始农业和原始畜牧业的先河，这里就产生了农业、畜牧业和制陶等手工业。裴李岗文化是因它最早在河南新郑的裴李岗村发掘并认定而得名。其分布范围，以新郑为中心，北至太行山，南至大别山，东至豫东，西至豫西。在人类文明

∧ 仰韶文化人面鱼纹盆

初露曙光之际，裴李岗人已经具有非凡的能力，他们利用自己笨拙的双手和从猿向人类过渡时期极为有限的智慧，战胜恶劣的自然环境，建立起古老的氏族村落，并将他们所创造出的辉煌灿烂的古老文明，作为一份珍贵的厚礼馈赠给万世子孙。

仰韶文化是距今约 5000—7000 年中国新石器时代的一种彩陶文化。因 1921 年首次在河南三门峡市渑池县仰韶村发现，故按照考古惯例，将此文化称为仰韶文化。主要分布于黄河中下游一带、以秦晋豫三省为核心的中原地区，以陕西大部、河南西部和山西西南部的狭长地带为中心，东至河北中部，南达汉水中上游，西及甘肃洮河流域，北抵内蒙古河套地区。

龙山文化是仰韶文化的继承文化，年代为公元前 2600—前 2000 年。以表面饰有绳纹与篮纹的灰色陶器为突出特征。经发掘的有洛阳王湾、临汝煤山、登封王城岗、陕县三里桥、永城王油坊、淅川下王岗、安阳后冈等。

"一部河南史，半部中国史"

第二节　中原建国与诸侯争霸

到了 4000 多年前的龙山文化中晚期，中原进入了石、铜器并用时代，产生了私有制和阶级的萌芽，进而出现了我国历史上第一个奴隶制国家——夏朝。夏朝（约公元前 2070 年—约前 1600 年）是中国传统史书中记载的第一个中原世袭制朝代。一般认为夏朝是一个部落联盟形式的国家。依据史书记载，夏、商、周三代皆为奴隶制世袭王朝，君主与诸侯分而治之，而夏朝是第一个世袭的氏族奴隶制王朝。夏时期的文物中有一定数量的青铜和玉制的礼器，其年代约在新石器时代晚期、青铜时代初期。根据史书记载，夏朝的建立者是禹。禹死后，他的儿子启夺得王位，并传位给自己的后代，这样，原始社会后期的禅让制被王位世袭制所取代，"家天下"的局面逐渐形成。夏朝共传 14 代，17 王，延续约 471 年，为商朝所灭。夏朝作为中国传统历史的第一个王朝，拥有较高的历史地位，后人常以"华

< 阳城遗址挖掘的文物

∧ 天命玄鸟，降而生商。

夏"自称，使之成为中国的代名词。1978 年 1 月 27 日，中国考古工作者在河南登封县发现夏朝最早的都城——阳城遗址。

商王室是黄帝曾孙帝喾之子契的后裔，因契助禹治水有功，被舜封为商侯。在商汤灭夏，建立商朝之前，商部落是一个以畜牧业为主的部落，在黄河下游一带繁衍。到成汤时候，在伊尹的辅佐下，打败了夏桀，建立商朝。从公元前 1600 年至公元前 1046 年，自商朝第一个天子汤建国，到最后一个天子纣为周武王所灭，共经历 17 世 31 王。文献记载，从公元前 17—11 世纪，在商王朝统治长达 600 年的历史中，王都曾先后换过多个地方，其中有 5 个在河南境内，先后 6 次在商丘建都。可见商朝时期，河南是全国的政治、经济和军事、文化发展的中心地带。后来在盘庚时迁都到殷（今河南安阳小屯村），所以商朝也称作殷商，商朝的势力范围也大大超过了夏朝。考古学家从安阳的小屯村发现了大量的甲骨文，说明殷商时代文字已经得到充分广泛的应用，发展得也比较成熟。汉字的结构在甲骨

"一部河南史，半部中国史"

文中已经基本形成。在安阳殷墟发现的甲骨文，是世界上最早的文字，也是世界上最早的历史文献。

公元前 1046 年，周武王在进军到距朝歌七十里的牧野地方举行誓师大会，列数了商纣王的许多罪状，鼓动诸侯要和商纣王决战。这时候商纣王才停止了歌舞宴乐，和那些贵族大臣们商议对策。这时，纣王的军队主力还在其他地区，一时也调不回来，只好将大批的奴隶和俘掳来的东南夷武装起来，凑了号称 70 万人开向牧野。可是这些纣王的军队刚与周军相遇时，就掉转矛头引导周军杀向纣王。结果，纣王大败，连夜逃回朝歌，眼见大势已去，只好登上鹿台放火自焚。周武王完全占领商都以后，便宣告商朝的灭亡。

周武王去世，继位的周成王年幼，武王的弟弟姬旦受遗嘱代理政务。姬旦佐成王，鞠躬尽瘁，史家称他为"周公"。周公摄政，刻不容缓地实施周武王的既定方针——建都计划，只有实现这个计划，周的统治才算建立。西周以洛阳为东都，营造为王城和成周城，在河南境内分封的诸侯国有数十个。周公营洛，是周王朝最重大的政治建设工程，它是周朝取代商朝实行统治的标志。

春秋时期，河南境内属秦、晋、楚、宋、卫、郑、陈、蔡诸国。战国时属韩、魏、赵、楚之疆。春秋诸侯争霸，战国群雄逐鹿。春秋战国时期各诸侯国之间的兼并与斗争，促进各国、各地区社会经济的发展、也加速了不同族属间的接触与融合。经过这一时期的大变动，几百个小国逐渐并为七个大国。

春秋战国时期，河南地区在政治和思想文化领域，涌现出许多著名的政治家、思想家。

商鞅（约公元前 390 年—前 338 年），战国中期著名法家代表人物、思想家、政治家、军事家、改革家。姬姓，卫国国君的后裔，故又称卫鞅、公孙鞅，后封于商，后人称之商鞅。执政秦国 19 年，实行变法成绩卓著，史称商鞅变法。商鞅年少时，专研以法治国，有学识。后为魏国宰相公

叔痤家臣。公叔痤死后，商鞅听说秦孝公雄才大略，选贤任能，便到秦国去。通过宦官见到了秦孝公，商鞅畅谈变法治国之策，孝公大喜。公元前359年任左庶长，开始变法，后升大良造。公元前340年，率秦赵军败魏，因功封于商，故称商君。公元前338年，秦孝公崩，被诬谋反，车裂而死。

老子（前公元570年左右—前470年左右）。姓李名耳，字伯阳，有人说又称老聃。春秋时期楚国苦县厉乡曲仁里（今河南鹿邑）人，是我国古代伟大的哲学家和思想家，道家学派创始人。老子被唐皇武后封为太上老君，存世有《道德经》（《老子》）。其作品的精华是朴素的辨证法，主张无为而治，其学说对中国哲学发展具有深刻影响，其学说后被庄周发展。道家将老子视为宗师，孔子也曾学于老子。在道教中老子被尊为道祖太上老君。

"一部河南史，半部中国史"

第三节　华彩厚重的中原封建王朝

秦国自商鞅变法后，一跃成为七国中实力最强的国家，于是向东扩展势力。经过多年的证战，东方六国先后为秦统一。中国实现了华夏民族的统一，建立起了一个统一的中央集权国家。秦王朝建立后，在今河南境内设置三川、南阳、颍川、河内、东郡、陈郡。

西汉承秦制，仍设郡、县两级，并实行分封诸侯王国与中央直辖的郡交错分布。为了加强对郡、国的控制，又将全国分为司隶校尉部及13州刺史部，实际是监察区。河南分属司隶校尉部及豫、兖、荆、冀4州管辖，设有弘农、河内、河南、颍川、汝南、陈留、南阳和魏郡及淮阳和梁国2个诸侯王国。东汉都雒阳（洛阳），实行州辖郡、郡统县。河南分属司隶校尉部及豫、兖、荆、冀、扬5州管辖，设有弘农、河内、颍川、南阳、汝南、陈留、东郡、魏郡等郡及陈、梁2国。两汉时期，河南地区的经济和文化仍处于全国前列。东汉王朝建都洛阳，河南是全国政治、经济、文化中心。

三国时河南属魏，先都许昌，后迁洛阳，仍实行州、郡（国）、县三级。三国鼎立局面形成之后，河南是四战之地。南北朝时，河南分属于北魏和南齐。北魏在河南设8州26郡；南齐在河南设3州12郡。在三国两晋南北朝时代，战乱连年，农业、手工业生产遭到严重破坏。直到7世纪初重建了统一的全国性政权——唐朝以后，中原才摆脱了长期战乱的局面。

从唐朝建立到北宋灭亡，河南的经济和文化达到鼎盛时期。唐朝先都长安，后迁洛阳。河南分属京畿及河南、河北、淮南、山东南等道，领有

开封皇宫复原模型 >

21州郡及河南1府。因为河南地位重要，经济又比较发达，所以五代都在河南地区建都立国。梁、晋、汉周4朝都汴（今开封），后唐都洛阳。河南境内多数称州，少数称军、府。但在后来一段时期中，长江以北战争不断，中原人民深受其害。到赵匡胤重建起全国性的统一政权——北宋王朝后，中原人民才重新得过和平岁月。北宋建都开封，河南又一次成为全国的政治、经济和文化中心。河南境设有京东、京西、河北诸路，路辖有府、州，有些军、监也隶属于路。府、州、军均辖县。当时开封人口达100多万，为全国第一大城市，商业贸易额占全国之半，各方面都极一时之盛，可说是中世纪河南历史的黄金时代。南宋以后，是河南社会历史发展的中衰时期。南宋南迁后以淮河与金为界，河南大部属金。元朝将中央辖区直属中书省，其他地区分设行中书省，简称"行省"，行省之制始于此。"行省"之下统路、府，府领州、县，也有府、州不隶路而直属省。当时河南境内黄河以北地区属中书省，黄河以南属河南江北行中书省。中书省在河南管辖的有大名、彰德、卫辉、怀庆等路和濮州。河南行省下属河南府路、

"一部河南史，半部中国史"

汴梁路、南阳府、汝宁府、归德府。行省制度被明、清两朝沿袭下来，当时河南的疆域大体上与今天的河南省相近。在此期间，河南经济和文化都越来越落后于江南和北方其他一些省区。

第四节　辉煌灿烂的中原近现代史

近代中国逐步沦为半殖民地半封建社会，河南的社会矛盾也日益激化。19世纪五六十年代，河南成为黄淮流域农民起义的一个中心地区。河南声势浩大的捻军大起义，加上太平军多次进出河南，形成了规模宏大的农民反封建高潮。起义失败以后，河南的社会经济日渐衰落。直到20世纪初，民族资本主义才有所发展，但十分幼弱。一些民族资产阶级分子或向资产阶级转化的开明士绅登上了政治舞台，先后在河南城镇发动了抑制美货运动、以收回焦作煤矿和反对帝国主义掠夺河南铁路建筑权为中心的收回利权运动。资产阶级民主革命派组建了资产阶级革命政党——同盟会河南分会，进行武装起义的尝试，但均未成功，河南成了极少数几个未曾获得"独立"的省份之一。

五四运动揭开了中国新民主主义革命的序幕，也促进了河南的革命知识分子接受马克思主义，为中国共产党在河南建立组织准备了条件。1921年中国共产党成立后不久，就发动了第一次全国工运高潮，河南的工人阶级登上了政治舞台。1923年京汉铁路总工会在郑州成立，发动了震惊中外的京汉铁路工人大罢工（二七大罢工）。河南农民运动也蓬勃开展，使河南成为北方农民运动最活跃的省份之一。1927年，确山、信阳、杞县农民在中国共产党的领导下，胜利地举行了暴动，先后建立起工农革命政权。

郑州二七纪念塔 >

在河南人民的大力支持下，北伐军打垮了盘踞河南的奉系军阀。从此，河南全省都处于国民党统治之下。在第二次国内革命战争时期，河南经历了多次的新军阀战争，特别是1930年的蒋冯阎混战，其主要战场即在河南，给河南社会经济带来极大的破坏。为了推翻国民党反动统治，河南人民与鄂东北、皖西革命人民一起建立和壮大了中国工农红军第四方面军，创建了以豫南新集（今新县县城）为首府的鄂豫皖苏区，还建立了以桐柏为中心的鄂豫边及鄂豫陕等游击根据地，走上了以武装斗争、革命根据地建设为中心的工农武装割据的道路。

"一部河南史，半部中国史"

1937 年 7 月 7 日，抗日战争爆发。11 月，豫北重镇安阳失守，不久整个豫北全部沦陷。在国家危难之际，国民党政府反而在 1938 年 6 月间扒开花园口黄河大堤，给河南人民带来空前的浩劫。河南人民响应中共河南省委"武装保卫河南"的号召，组建起"豫南人民抗日独立团"和"豫东抗日人民第三支队"等人民抗日武装。八路军一二九师在刘伯承、邓小平率领下出师华北，进入太行。1938 年 9 月，彭雪枫率新四军游击支队从竹沟出发，东征睢杞，转战豫东，广泛开展敌后游击战争，与日本侵略者和国民党顽固派进行了艰苦卓绝的斗争。1938 年 11 月 9 日，中共中央决定成立以胡服（刘少奇）为书记的中共中央中原局，驻确山竹沟。竹沟遂成为中原军民抗战的指挥中心。在中国共产党的领导下，河南和邻省军民先后创建了晋冀鲁豫、鄂豫皖、豫皖苏、豫西等抗日根据地，为抗日战争的胜利做出了重要贡献。

抗日战争胜利后，国民党于 1946 年 6 月进犯中原解放区，挑起内战。解放区军民粉碎了敌人的"围歼"，保存和壮大了革命力量。1947 年 6 月，晋冀鲁豫野战军主力突破黄河天险，从鲁西南千里跃进中原，直插大别山，揭开了解放战争大反攻的序幕。之后，晋冀鲁豫野战军的陈谢兵团强渡黄河，挺进豫西；华东野战军也突进豫东地区，并相继取得了洛阳、开封、郑州、南阳等战役的胜利。1949 年 1 月，淮海战役胜利结束，河南人民摆脱了国民党政府 20 余年的反动统治，获得全部解放。1949 年 10 月 1 日，伟大的中华人民共和国成立，河南人民继续谱写历史的辉煌新篇章。

第四章

多样的传统文化
多彩的民俗风情

　　武术文化又称功夫文化，是中原文化的鲜明特色。其中少林武术和太极拳，又是中原武术文化中最耀眼的两颗明珠。"天下功夫出少林"，形象地表明了少林武术在中国武术文化中的重要地位。"十三棍僧救唐王"的历史传奇，帮助戚继光抗倭立功的光辉业绩，使少林寺闻名遐迩，成为中华武术的荟萃之地，使"少林"成为中国武术的品牌，成为中原文化乃至中华文化的品牌。

∧ 豫剧

第一节　黄帝故里拜祖大典

　　黄帝故里拜祖大典，是指每年农历三月初三，在河南省新郑市举行的祭拜人文始祖轩辕黄帝的活动。

　　黄帝故里拜祖大典，之所以选在三月初三这一日，是因为这一日是黄帝的诞辰。中国自古有"二月二，龙抬头；三月三，生轩辕"的说法。同时农历三月初三也是民间的上巳节，是汉族很重要的一个节日。

黄帝 >

多样的传统文化　多彩的民俗风情

轩辕黄帝是我们中华民族的人文初祖，是远古时期非常有名望的一位部落联盟首领。黄帝本姓公孙，出生于轩辕之丘（在今河南新郑西北），故号轩辕氏；长年居住在姬水，因此将姓氏改为"姬"；因其出生、创业和建都全部都是在有熊（今河南新郑），因此也被称为有熊氏；同时因为他有土德之瑞，故有称号"黄帝"。根据传说黄帝出生才几十天就会说话，年少时思维敏捷，聪颖过人。长大后，为人敦厚，坚毅能干。

黄帝对我们中华民族的发展历史有着许多贡献。他首先因为统一中华民族的伟绩而被载入史册。他播种百谷草木，大力发展生产，创造文字，始制衣冠，建造舟车，发明指南车，定算数，制音律，创医学等。中华民族的古代文明，是从黄帝时期开始发展起源的，黄帝有开创之功，因此被后人颂为"人文初祖"，位居五帝之首。庄子曰："世之所高，莫若黄帝。"

黄帝故里景区位于新郑市区轩辕路。如今的黄帝故里，是海内外炎黄子孙寻根拜祖的圣地，是中华儿女内心深处的根源之所。

黄帝故里祠始建于汉代，后历经毁建，历代都有修复。明代隆庆四年（1570年）于祠前建轩辕桥。清代康熙五十四年（1715年），新郑县令许朝柱于祠前立"轩辕故里"碑，乾隆二十九年（1764年）修葺。《重修大殿记》记述："古传郑邑为轩辕氏旧墟，行在北有轩辕丘遗迹，乃当年故址。"20世纪90年代后多次改造修缮，近年来，新郑市人民政府对黄帝故里景区进行了扩建。扩建后的黄帝故里景区共分五个区域：广场区、故里祠区、鼎坛区、艺术苑区、轩辕丘区。祠内有正殿、东西配殿，正殿中央供奉轩辕黄帝中年座像，两配殿有黄帝元妃嫘祖和次妃嫫母像。广场区设中华姓氏广场，其中中华姓氏墙镌刻了3000多个姓氏，黄帝宝鼎坛中竖立九鼎，黄帝宝鼎置于中宫，高6.99米，直径4.7米，重24吨，为天下第一鼎，其他分别为爱鼎、寿鼎、财鼎、仕鼎、安鼎、丰鼎、智鼎、嗣鼎，置八卦之位，这是亚洲最大的姓氏广场。景区从南至北有13米宽的红色花岗岩大道，中间是5米宽的黄色花岗岩拜祖圣道，象征炎黄子孙血脉相连、薪火相传。

根据史书记载，春秋时代就有，三月初三登新郑具茨山（俗称"始祖山"）朝拜黄帝的记载。唐代以后逐渐形成规制，盛世之时由官方主拜，乱世之时由民间自办，一直持续到今天。自 2006 年开始，这种朝拜黄帝的活动，正式升格为黄帝故里拜祖大典。拜祖大典的整个过程，由中央电视台、河南电视台向全球观众现场直播。2006 年以后，黄帝故里拜祖大典的过程固定下来，分为九项，分别是：盛世礼炮（21 响）、敬献花篮、净手上香、行施拜礼、恭读拜文、高唱颂歌（《黄帝颂》）、乐舞敬拜、祈福中华、天地人和。

中华文明源远流长，华夏先祖的丰功伟绩让后世永世不忘。黄帝故里拜祖大典，是中华儿女对先祖敬仰之情的表达方式，同时也激励着我们朝着更加辉煌的未来迈进！

知识小百科

黄帝颂

天地玄黄	东方曙光	文明始祖	中华炎黄
薪火相传	盛世未央	华夏各族	中原家乡
和平天下	国运兴昌	和睦百姓	社稷安康
新郑拜祖	弥之高仰	同根同源	龙族荣光

大风起兮云飞扬　吾土吾心吾欢畅　四海之内皆和谐　吾思吾梦吾向往
大风起兮云飞扬　吾土吾心吾欢畅　四海之内皆和谐　吾思吾梦吾向往

祈福九州	祥和无疆	风调雨顺	百业兴旺
护佑中华	盛世运畅	护佑子孙	永续辉煌

大风起兮云飞扬　吾土吾心吾欢畅　四海之内皆和谐　吾思吾梦吾向往
大风起兮云飞扬　吾土吾心吾欢畅　四海之内皆和谐　吾思吾梦吾向往

　　多样的传统文化　多彩的民俗风情

第二节　地方戏曲，曲艺

一、豫剧

豫剧是"河南梆子"、"河南高调"的旧称，最早的时候是泛指河南境内的各种剧种，1947 年后专指"河南梆子"。因为早期的豫剧演员用本嗓演唱，在起腔与收腔时用假声翻高尾音带"讴"，也曾经叫做"河南讴"。豫剧是我国最大的地方剧种。2006 年 5 月 20 日，经国务院批准，豫剧被列入第一批国家级非物质文化遗产名录。

关于豫剧的起源有三种主要的说法，第一种说法是：明朝末期秦腔和蒲州梆子传入河南，与当地的民歌、小调相结合发展成豫剧；第二种说法是：豫剧是由北曲弦索调直接发展形成；第三种说法是：自明朝中后期，在中原地区盛行时尚小令，在此基础之上吸收"弦索"等民间艺术成果发展成豫剧。

豫剧最早的诞生地在河南开封和开封周围各县。这个结论是相关学者编修《中国戏曲志·河南卷》的过程中论证的。豫剧最早在开封诞生，绝非偶然。这得益于开封的厚重的历史文化积淀和丰富的乐舞活动。特别是在宋代，开封作为首都，勾栏瓦舍遍布全城，宋代志书《东京梦华录》有明确记载，当时有桑家瓦子、北瓦、次里瓦等，一个勾栏棚可容数千观众。当时在开封已经演出了大型杂剧《目连救母》。

河南豫剧 >

　　豫剧的唱腔音乐结构属于板式变化体，主要的声腔板式有四种：二八板、慢板、流水板、散板。豫剧的特点：首先豫剧以唱见长，豫剧的唱腔铿锵有力，富有热情奔放的阳刚之气，具有强大的情感力度。其次豫剧质朴通俗、本色自然，更紧贴老百姓的生活。另外，豫剧节奏鲜明强烈、矛盾冲突尖锐、故事情节有头有尾、人物性格大棱大角。再加上曲调诙谐欢快，使得豫剧不仅适合演出轻松的喜剧，它又恢宏大气故又适合演帝王将相的大场面戏。

　　豫剧的角色行当由"生旦净丑"组成。按一般的说法是四生、四旦、四花脸。戏班组织也是按照"四生四旦四花脸，四兵四将四丫环；八个场面两箱官，外加四个杂役"。"四生"即老生、大红脸（红生）、二红脸（武生）、小生；"四旦"即正旦（青衣）、小旦（花旦、闺门旦）、老旦、帅旦；"四花脸"是黑头（副净）、大花脸、二花脸、三花脸（丑）。

　　豫剧划分主要有五大流派：以开封为中心的唱法称"祥符调"；以商丘为中心的唱法称"豫东调"，又称"东路调"；以洛阳为中心流传的唱

　　　　　　　　　　　　　　　多样的传统文化　多彩的民俗风情

法称为"豫西调"，又称"西府调"；流行于豫东南的称"沙河调"，又叫"本地梆"。1927年后河南梆子出现女演员，之后逐步形成了以陈素真、常香玉、崔兰田、马金凤、阎立品五大名旦为代表的表演流派，常派激昂奔放、陈派古朴典雅、马派刚健明亮、崔派深沉含蓄、阎派细腻委腕。目前，五大流派桃李满天下。其他旦角及生、净、丑行的卓越艺术家也开创了不同风格的流派。

豫剧的传统剧目有1000多个，其中很大一部分取材于历史小说和演义。如封神戏、三国戏、瓦岗戏、包公戏、杨家将戏和岳家将戏，还有很大一部分描写爱情、婚姻、伦理道德的戏。新中国成立之后，出现了不少描写现实生活的现代戏和新编历史剧，使豫剧事业又有了新发展。如《朝阳沟》、《小二黑结婚》、《人欢马叫》、《倒霉大叔的婚事》、《试夫》、《苹果红了》、《泪洒相思地》等等。进入21世纪，豫剧又涌现出了许多新作品，如《铡刀下的红梅》、《常香玉》、《新白蛇传》、《村官李天成》、《程婴救孤》、《清风厅上》、《香魂女》等。

< 豫剧《白蛇传》剧照

二、河南坠子

河南坠子是一种"坠子弦"（今称坠胡）为主要伴奏乐器，用河南语音演唱，发源于河南，流行于河南、山东、安徽、天津、北京等地的曲艺表演。2006 年 5 月 20 日，经国务院批准，河南坠子被列入第一批国家级非物质文化遗产名录。

河南坠子由流行在河南和皖北的曲艺道情、莺歌柳、三弦书等结合形成。河南坠子在形成过程中，以新鲜活泼的特色，吸引了不少三弦书和山东大鼓艺人参加到改革创造的行列中来，使河南坠子增加了大量曲目，丰富了演唱技巧，促使这一新兴曲种日益成熟，并迅速流传到邻近的山东、安徽。辛亥革命后，随着男女平等思想的不断深入人心，河南坠子表演开始出现了女性艺人，已知最早的一批女艺人为从开封相国寺出道登场的张三妮和尹凤宝等。她们的出现及家班的形成，使得河南坠子的表演在通常

多样的传统文化　多彩的民俗风情

< 河南坠子表演

的自拉自唱之外又出现了男拉女唱或男女对唱的方式。1913年，河南坠子出现了第一个女演员张三妞，随后又出现了乔清秀、程玉兰、董桂枝3位名家。女演员的出现，促使河南坠子扩展了唱腔的音域，改革和丰富了唱腔的旋律，伴奏技巧也有所提高。

1930年以后，河南坠子进入兴盛时期，在天津形成了乔、程、董3大唱腔流派。乔派以节奏流畅、吐字清脆、唱腔悠扬婉转见长，称为"小口"或"巧口"，程派以曲调朴实明朗、唱腔圆润见长，称为"大口"，董派以板眼规整、唱腔含蓄深沉见长，称为"老口"。女演员的出现使河南坠子的表演在大城市里的发展趋向短段"唱曲"，虽然丰富了唱腔旋律，扩展了唱腔音域，提高了伴奏技巧，但也丢失了长篇说唱的特质与优势。在河南本地，当时比较著名的艺人有擅演"风情书"的赵言祥、擅演《三国》段子的张治坤、号称商丘"四大名演"之一的李凤鸣等，女艺人则有以表演细腻见长的刘明枝、以表演妩媚著称的刘桂枝和以表演豪放夺人的刘宗琴，三人同时以擅演长篇大书著名，时人称为"郑州三刘"。

河南坠子因为一直在民间流传，保持着朴素的乡土风味和浓厚的生活气息。长期以来从道情、三弦书、山东大鼓、琴书等曲种移植、继承了大量优秀书目，以后又创编、积累了一些独具特色的书目，有长篇、中篇、短篇200余种，保存了不少流传悠久的艺术精品，如《借髢髢》、《偷石榴》、《王庆卖艺》、《梁祝下山》等。

我爱河南

三、河洛大鼓

河洛大鼓是一种以说、唱为艺术表演手段，叙述故事、表达思想感情的传统音乐。2006年5月20日，经国务院批准，河洛大鼓被列入第一批国家级非物质文化遗产名录。

清代光绪末年，河南洛阳一带演唱洛阳琴书的艺人与南阳的鼓儿词（又名"单大鼓"）艺人合伙演唱。他们结合以后，互相吸收融化，在洛阳琴书唱腔的基础上吸收了鼓儿词的曲调，废弃了老式扬琴和八角鼓等乐器，改以坠琴、三弦、四胡等伴奏，以书鼓、月牙钢板击节。由于曲调新颖动听，受到群众欢迎，逐渐流传到河南各地，并继续吸收了河南坠子、山东大鼓等演唱艺术，形成了河洛大鼓。

河洛大鼓主要唱腔有"平板"、"悲平板"、"小数板"、"五字垛"、"飞板"、"凤凰三点头"、"滚口白"等，而以"平板"为基本曲调。平板是包括起腔、落腔的一个严整的曲体，六句为一段落，长于叙述，腔调多为半说半唱。河洛大鼓板式灵活，除平板外，还有带伴奏的散板韵白，以及紧板、垛板，紧打慢唱的飞板等。

河洛大鼓表演 >

　　　　　　　　　多样的传统文化　多彩的民俗风情

河洛大鼓的传统曲目多取材历史故事，长篇有《双鞭记》、《温凉盏》等；中篇有《双锁柜》、《鸾凤配》等；短篇唱段有《取长沙》、《赵云截江》、《打关西》等。反映现实生活的曲目有《焦裕禄风雪探茅屋》、《巧摆地雷阵》等。

在河洛大鼓传承过程中，先后出现过许多知名的艺人。有"说书状元"之称的张天倍，在洛阳几乎家喻户晓；程文和，享誉豫西，并曾代表河南参加全国首届曲代会，一曲《赵云截江》受到国家领导人的赞赏；段介平，以及原河南省曲艺团团长王小岳等，都曾独树一帜，闻名遐迩。

逢红白喜事不请"响器"（吹打乐器）请"愿书"，是河南当地村民已沿袭多年的习俗。求一家平安请书叫"平安书"；娶媳妇请书叫"红书"；毛娃过生日待客请书叫"面书"；老人做寿请"寿书"；还有"挂鞭书"、"立碑书"等名目繁多的各种书场，河洛大鼓成了人民生活不可缺少的内容之一，所以当地从事河洛大鼓的艺人很多，鼎盛时期就有一二百人。

在河洛文化的百花苑中，有一朵名谓"河洛大鼓"的艺术奇葩。但是随着电视的普及，河洛大鼓的听众人数逐年下降，艺人只减不增，河洛大鼓的生存状况已跌入令人担忧的境地。

第三节　传统文化

中原地区是中华民族的文明发祥地，中原文化是中国传统文化的源头，对于中华文明的形成，对于民族精神的传承，都发挥了独特而重要的作用。历史上的河南，之所以能够长期成为中国政治经济文化中心，与其繁荣的

文化是分不开的。中原文化包含有史前文化、神龙文化、政治文化、圣贤文化、思想文化、名流文化、英雄文化、农耕文化、商业文化、科技文化、医学文化、汉字文化、诗文文化、宗教文化、戏曲文化、民俗文化、武术文化、姓氏文化等十八种文化。重点介绍以下几种中原文化：

一、神龙文化

河南省是龙的故里。人文始祖的黄帝，在统一黄河流域各部落之后，为凝聚各部族的思想和精神，用龙作为新部落的图腾，因此我们今天的中国人被称为"龙的传人"。神龙是智慧、勇敢、吉祥、尊贵的象征。

河南省发现的与"龙"有关的出土文物，不但历史久远，而且最为正宗。濮阳蚌龙距今6400年，是中国最早的龙形象，被考古学界誉为"中华第一龙"；在"华夏第一都"偃师二里头遗址发现的大型绿松石龙形器，距今至少3700年，被学者命名为"中国龙"，等等。这些龙文化的遗存从夏、商、周到汉唐、明清一脉相承，是中华民族龙图腾的源头。从中原大地产生并逐步发展完善的龙形象，目前已成为中华民族的象征。

二、武术文化

武术文化又称功夫文化，是中原文化的鲜明特色。其中少林武术和太极拳，又是中原武术文化中最耀眼的两颗明珠。"天下功夫出少林"，形象地表明了少林武术在中国武术文化中的重要地位。"十三棍僧救唐王"的历史传奇，帮助戚继光抗倭立功的光辉业绩，使少林寺闻名遐迩，成为中华武术的荟萃之地，使"少林"成为中国武术的品牌，成为中原文化乃至中华文化的品牌。

太极拳，是中国武术文化的又一个重要的流派。由河南省焦作市温县陈家沟人陈王廷立创立。太极拳以刚柔并济为特征，以强身健体、修心养性为主旨。近年来，不论是大型的竞技赛场，还是晨练的花园广场，随处可见太极拳的风采。

有关中原武术文化的影视作品不胜枚举，家喻户晓的《少林寺》、《太极宗师》。电影《少林寺》被先后数次拍摄制作，如1976年邵氏兄弟出品、1982年李连杰主演、2011年刘德华成龙主演，都取得了不错的成绩。少林功夫秀，近年来频繁地出现在国际重要舞台上，如国庆60周年庆典、上海世博会、广州亚运会、深圳大运会等。在未来的发展中，中原武术文化必将大放异彩。

陈王廷铜像 >

三、诗文文化

　　河南是中国文学的摇篮。中国最早的散文总集《尚书》，是经过东周洛阳的史官整理成书的。我国第一部诗歌总集《诗经》中，属于今河南省境内的作品有 100 多篇，占总篇目的 1/3 以上。鲁迅说过，在秦代可称之为作家的，仅河南上蔡的李斯一人。汉魏时期，有"汉魏文章半洛阳"之说。洛阳贾谊开骚体赋之先河，张衡《二京赋》则为汉赋之极品，贾谊、晁错将西汉政论推向巅峰。汉魏时期的"建安七子"中的阮瑀、应场都是河南人。左思的《三都赋》名动天下，留下了"洛阳纸贵"的佳话。宋词的故乡在开封，"梁园文学"的主阵地在商丘，都留下了许多千古绝唱。东晋以后，河南大族南迁，以谢灵运的山水诗、江淹的抒情赋为代表的中原文人作品，推动了江南文学的繁荣。唐代最著名的三大诗人中，河南有其二。"诗圣"杜甫是河南巩义人，他以沉郁顿挫的笔锋反映了一个时代的沧桑巨变，其诗歌被赞为"诗史"。白居易是河南新郑人，他是把现实主义和浪漫主义完美结合的诗人。他创作的《长恨歌》、《琵琶行》成为千古传诵的佳作。"文起八代之衰"的孟州人韩愈，位居"唐宋八大家"之首，达到了中国散文的高峰。岑参、刘禹锡、李贺、李商隐等河南人，也以其卓越的文学成就跻身于著名诗人之列，诗词名家灿若星河。

知识小百科

洛阳纸贵

　　在西晋太康年间出了位很有名的文学家叫左思。他曾作一部《三都赋》在京城洛阳广为流传，人们啧啧称赞，竞相传抄，一下子使纸昂贵了几倍。原来每刀千文的纸一下子涨到两千文、三千文，后来竟倾销一空；不少人只好到外地买纸，抄写这篇千古名赋。

< 洛阳纸贵

第四节　开封斗鸡

斗鸡是中国的一绝。斗鸡比世界上其他善斗的动物"斗"的历史要长得多。中原斗鸡是"中国四大名鸡"之一，而中原一带的斗鸡，大多出自开封斗鸡。从北宋至近代，开封斗鸡活动一直盛行于民间。开封人至今仍保持着这一古都情调。早期的开封斗鸡仅在农历正月到四月间举行，现在每逢节庆都有斗鸡活动。

开封的斗鸡爱好者，在当地俗称"玩斗鸡"，以斗鸡为乐。他们爱习武，爱喝酒，重义气，讲纪律。斗鸡爱好者对行外人是"宁舍千金，不舍一蛋"。他们有一种约定俗成，即"论道不论亲"，如果有人真正爱鸡，通过朋友介绍，可无偿赠送，但必须遵守帮规：斗鸡只能自养不能转让，更不能与其他鸡交配繁殖。如果中途因故不能继续喂养，原鸡送回或自己杀吃都行，但必须把鸡头、鸡爪送还原主，以示信义。如果不是爱好者，只是为别人寻求，即使是至亲好友，也是空费口舌。

开封人爱鸡的程度，用斗鸡爱好者夸张的说法是"视鸡如子"。鸡的冷暖和营养时刻牵挂着主人的心。鸡的饲料，人们要淘了一遍又一遍。怕鸡卧在水泥地上得腿病，人们把煤渣筛细，每天铺在笼罩下。冬天斗鸡季节，人们常做个布罩将鸡装起来，或者解开衣扣，将鸡揣在自己怀里。这样爱鸡如子的目的，是为了保持鸡的健壮体格，保持鸡勇往直前的战斗力。

开封斗鸡的最大特点是鸡种纯，它选种十分严格。斗鸡的父是谁，母是谁，它的前五辈人们都会精心记住。选种时，绝对不允许近亲交配。人们喂养的目的是为了"斗"，所以除了选种有严格的标准和要求外，喂养

　　　　　　　　多样的传统文化　多彩的民俗风情

和训练上也有独特的管理方法。开封斗鸡行家的经验认为，如果有一只好品种斗鸡，不注意喂养和加强训练，它将永远斗不出好的水平。

训练斗鸡也是很有趣的。每日黎明，开始"撵"鸡，鸡在前面人在后面，速度由慢到快，时间由短到长。10点左右，再放鸡出罩，在广阔的场地上进行"散步"，让其自由活动，以促进精神轻松。12点左右"喂食"，饱食后入罩休息。到下午三四点钟再进行第二次"散步"，一小时后再进行"训鸡"，让鸡作跳罩、蹾腿等各种姿势，半小时后即可休息。到晚天黑前，再加餐"补食"。这样的训练可使斗鸡筋骨强壮，两腿有力，动作敏快，以利于打斗。

每年农历正月初二，是斗鸡比赛的日子。农历二月二、三月三、四月四，也是斗鸡的好时候。除正月初二外，二、三、四月的比赛时间都不固定，一般都选在月初第一个星期天。日子选定后，就要选择斗鸡坑了。所谓"斗鸡坑"，是因斗鸡的场地低于四周地面而得名。开封的"斗鸡坑"，从清末到民国一直在开封北部"里城"东门以外的广场上。现在，多选择在龙亭公园、铁塔公园和相国寺内。

斗鸡比赛的规则是这样的：斗鸡坑的主持人叫"鸡头家"、"鸡头"。鸡头又是斗鸡胜负的裁判，还是斗鸡找对拉线的介绍人。双方在斗鸡坑斗

鸡，先由鸡头搭桥说合，然后互相看鸡，叫做"搬眼"。原则是：个头、体重、鸡龄基本相同的才能相斗。鸡头发令："拉鸡！"双方抱鸡入场。鸡头再令"预备"，双方各抱鸡蹲于圈内，两鸡鸡头相照。鸡头喊"撒鸡"后，双方同时放手，退出场外。15分钟为一盘。鸡坑两端，各备有清水一桶，供"使水"之用，就是斗过一盘之后，为了让斗鸡保持清醒，不使鸡的体温继续升高，经双方或一方要求，在鸡头下令"拢鸡"以后，双方把鸡抱起，然后把毛巾浸湿，先把鸡头和口腔内的瘀血洗净，再沾清水浸湿斗鸡的胸腹与两翅之下，以利于恢复疲劳、继续战斗。

斗鸡坑有一条多年形成的规矩，就是不论双方斗得如何精彩顽强，都不准拍手叫好，以免打架生事。不仅场上如此，场下欣赏别人的斗鸡时也是如此。据老人们介绍，平时看别人的斗鸡时，只能夸奖，不能说孬。一夸主人倒茶，二夸主人拿烟，三夸主人拿酒，四夸主人拿出烧鸡盛情招待。如不懂此俗，看鸡时说鸡孬，一说鸡孬受冷淡，二说鸡孬就会被撵走。当主人下逐客令时，无论再怎样花言巧语，也难以挽回难堪的局面。旧时斗鸡是一种赌博。现在斗鸡活动已成为有益于社会的体育竞技和民间娱乐活动。

多样的传统文化　多彩的民俗风情

第五节　民间习俗

一、过年对骂

　　河南的民间习俗中存在着"过年对骂"的奇特风俗。"骂"社火，在河南省灵宝市阳平镇的东常村和西常村世代相传。骂是批评指责讽刺，骂贯穿斗文、斗武、斗巧、斗富、斗丑全过程，是外地社火所不具备的，所以被誉为"天下奇俗骂社火"。

　　从正月初二开始，两个村子的人开始敲锣打鼓，交替前往对方村子里指名道姓地挑骂，一直持续到正月十六。只要反穿皮袄，就可以站在大鼓上骂对方村的村主任、社火头子，可以摆供烧香骂大姓的祖宗十八代，可以把萝卜削成男性生殖器形状往妇女怀里塞。

　　东、西常村骂社火由骂阵、拜请、出杆、夜征四部分组成。

　　从正月初二晚上开始，两村想要社火的百姓组成骂阵（俗称后场子），敲着锣鼓，响着土炮，到对方村挑骂。骂家反穿皮袄，表示自己是畜生野兽，不是人，说的不是人能说的话，不能见怪。骂虚不骂实，专骂对方的社火头子，极尽捏造谩骂之能事，目的是激怒对方村答应耍社火。

　　西常村骂东常村的人员："东常村七个队，为耍社火开了会，有的往前拉，有的往后退，七嘴八舌不配对，真真一村窝囊废！"西常村骂完撤退，东常村的百姓组成骂阵队前往西常村去骂："西常村两道壕，婆娘女子没

东、西常村骂社火表演现场 >

长毛，快填沟，快长毛，耍场社火瞧一瞧！"男性生殖器模型在祭祀结束时会向对方村的妇女们怀里塞。"八抬导弹"是为了激怒对方村。纸老鳖上写对方村领头人的名字，是谩骂的一种形式。这样来来往往，一直骂到正月初十。直到当天晚上东常村关帝庙的钟声被敲响。钟声一响，就表明两村正式耍社火。

社火从正月十一开始，正月十六结束。东起西落，交替进行三次，即正月十一下午东常村开始社火，晚上西常村去骂出牌子、彩杆方面的失误。依次交替，正月十六下午骂社火结束，晚上不能再骂。

拜请就是礼请对方村民来看社火。拜请队伍一般由探马开道，大约由200人组成，就像表演时的队伍一样。比如，正月十一下午东常村办社火。拜请队伍先到西常村转一圈，然后回村开始出杆。

出杆都要出牌子，每座杆都要有牌子，不过，牌子要求有一个字贯穿始终，并且与扮演角色相辅相成。第二天耍社火的村子会想办法压住另一村出的牌，此为"斗文"。"斗武"在以前是要把自己村里的武器拿出来让骡子背着展示，"斗富"是把村民贵重的东西拿出来比，"斗丑"就是看谁骂得有技巧。朴芯子就是把五岁左右的儿童装扮成各种人物，固定在铁芯上呈现惊险优美的造型。以前芯人由人抬着或背着走，近年来多将铁

　　　　　　　　　多样的传统文化　多彩的民俗风情

∧ 开骂者头上一个龟灯上写着四个人名及种种"罪状"。

架固定在拖拉机、汽车上。当地人认为，上过杆的儿童会平安、健康、聪明，都是争着上杆，而装扮他们的饰品、服装也都是自家的贵重物什。

夜征是耍社火的晚上，一个村向另一个村派出骂阵队，讽刺、挖苦、挑剔对方出杆的失误，骂贪官污吏，骂歪风邪气，骂地痞流氓，骂违法乱纪，语言简洁明快、尖锐刻薄、寓教于乐。另外，晚上还有竹马、船队、龙队、杂技等。

当地散文作家张驼说："这是一种大俗大雅的完美结合。在这里辱骂是一种敬重，辱之愈甚敬之愈甚；辱是形式，敬是实质。至于'性'文化的淋漓展示，秉承的是远古黄帝时期的遗风。"

据悉，东、西常村骂社火在2007年被批准为河南省非物质文化遗产。

二、婚嫁习俗

汉人婚俗有六礼，"纳彩、问名、纳吉、纳征、请期、亲迎"。河南作为中原文化的发祥地自然是不例外的。纳彩通常是"凤求凰"，由男方

我爱河南

主动向女方提婚，也不乏女方反过来攀亲的，以花袋装银元，托媒人上门，俗称"送布袋"。双方无异议则交换彼此的生辰八字，叫"过八字"或"换庚帖"。如果八字属相不相冲，祖灵神明占卜无碍，则各出正式婚帖一份，之后，男方择日下聘礼，称"丢定物"，至此姻亲已定，不能改悔。男方择定婚期后，由媒人知会女方，叫"送好"，时间多选在冬春季节，此时秋收刚过，既有空闲也有钱粮。婚礼正日，新郎随同花轿上门迎亲，轿内坐压轿童，轿前专人燃爆竹，轿后挂灯笼，彩旗锣鼓开道，是为"大娶"，女方常以被褥服饰和"箱、桌、柜、椅"四大件作为陪嫁妆奁。新娘来到夫家门口，男方亲人手持一面烧红的犁铧，间以白酒喷洒绕轿旋转，称"憋性子"，接着新郎对着花轿作揖，叫"拜轿门"。新娘由伴娘搀扶出轿，拜堂成亲，送入洞房，夫妻饮交杯酒，之后亲朋好友便开始"闹洞房"。

迎娶这一天，男方要杀猪备礼，准备好一大块"离娘肉"，少则15公斤，多达20公斤，如果是生猪肋条肉和猪后腿，那么肋条肉大小以六根肋骨的为最好，猪后腿则必须整腿赠送，不能分切，预示着两家以后能常来往。备好的肉块安放在酷似蒸笼的食盒里，意在感谢丈母娘对于女儿的养育之

嫁妆 >

恩。随后，新郎官西装革履，斜披绸带，胸佩彩花，手执绸花裹着的辟邪圆镜，由伴郎陪同，坐着彩带鲜花点缀的婚车。

到了女方家，新郎要和女方尊长先行鞠躬互拜，以示敬意，女方尊长为新郎披上另一边的绸带。女方亲朋好友会趁机上前"糟"男方来客，主要是新郎和伴郎，把新郎画个大花脸，把伴郎抹成黑脸包公，闹个欢乐气氛。致贺的亲朋，迎亲的队伍，女方需要设宴款待，酒足饭饱后便该接新娘出嫁。新娘的嫁妆除了衣物、被褥、家具、电器等日常用品外，还需必备一种独特的饭食嫁妆——随身饭。随身饭由娘家人事先备好，主要有肉、菜、馍、面条和饺子等，一般猪肉称"随身肉"、面条称"随身面"、饺子称"随身饺"，饺子的数量视新娘的年龄而定，女方捏饺子是为了捏住亲家的嘴，以免挑剔叨扰使自家女儿受气。东西各装在饭碗，放入食盒，抬至夫家后供新娘加热食用。城里的人们则多买来挂面，用红纸缠裹，和两双新碗筷同放在红脸盆中，再用红布兜上代替，数量以双数为吉利。

新娘子多身穿大红绸袄，现代人多穿洁白的婚纱，手执一束鲜花，在亲密姐妹和送姑的陪同下走出闺房，伴郎在前端边引路边撒彩纸。及至男

闹公婆 >

方家中，逐渐进入婚礼高潮。有些人家为了更为热闹体面，会请来一些歌舞团或杂技团表演助兴，男方家眷手端红盘或是脸盆穿梭人群之中，接受来宾们馈赠的礼金。新娘进门，在男方能说会道且德高望重的司仪主持下，举行古典的"拜天地"仪式，一拜天地，感谢天地自然赐予人类生命以及生存空间；二拜高堂，男女长大成家立室，拜谢父母养育之恩；夫妇交拜，相敬如宾，百年人生路上患难与共，相濡以沫。

礼毕，新娘送入洞房，来宾们纷纷落座品尝喜宴，厨子们早已忙得不可开交，笼笼里的蒸菜和蒸馍热腾腾、香喷喷，一般是四荤四素的八碟压桌干菜，客人们猜拳行令，相互敬酒，喧闹不已。喜宴过后，亲友来宾们开始了婚礼上的狂欢大闹，那就是"闹公婆"，用灰、墨、颜料之类在新郎的父母头脸上乱涂胡抹，戴上尖顶纸帽、辣椒串、大红花，缠上裙布，反穿衣服，把老两口整得不成样子，十分滑稽可笑，尽管如此，公婆两人却是不能生气的，必是欢颜以对，任由大伙随意摆布，惹得来宾们禁不住抱腹大笑。

闹洞房中的"撒喜床"是必不可少的一道环节，早在婚礼之前，新郎家人便在同宗同族、邻里乡亲的嫂嫂辈中大费周章挑人选，最好是儿女双全的"吉祥人"，而且口齿伶俐，能唱会编，能够随机应变，选出一到两个，作为撒喜床的主角。闹洞房时，嫂嫂手托盘子，盘内红纸上放有栗子、

多样的传统文化　多彩的民俗风情

红枣、花生、桂圆等干果，一边往坐在床上的新娘身上轻撒，一边舞动着唱些吉利词语，来宾们也跟着随声附和。

一般而言，新娘"三天试刀"，开始下厨做饭，以做面条为主，以手光、盆光和面光的"三光"为标准。新郎陪同新娘"回门"，必须重走迎亲时的来时路，新郎还得给丈人丈母娘置办四色礼品，东西可随意搭配，但必须四种凑双数讨个吉利。

回门这天中午，岳父母要置办全桌酒席招待新婿。这一日，新婿是贵客，坐上席。女方至亲当陪客。宴前，女方的嫂嫂要给新郎包饺子吃。嫂嫂们爱开玩笑，常常在饺子内包上辣椒和草秆，想让新郎狼狈不堪，洋相百出。有些机灵的新郎，吃饺子前先用筷子夹开一个，如果没有辣椒，他会从容不迫地吃下去。有些新郎憨厚老实，误食了带辣椒的饺子，一时辛辣难忍，涕泪交流，嫂嫂们则开怀大笑，前仰后合。

以前河南还曾流行过"悄婚"，顾名思义，也就是悄然进行的婚礼。不单迎亲日子要选在双数日子，多半定在农历初四、初六或初八，而且时间必须安排在夜间12点进行，以图个成双成对、圆满合美的吉利。之所以三更半夜进行婚礼，据说是源自明朝初年，为了逃避藩王朱橚强行占用新婚女子初夜权的暴虐行径，如今，这个习俗已经不存在了。

知识小百科

盖头

新娘子通常会以一边长三尺的正方形红围巾蒙在头上，这红色的围巾称为叫"盖巾"，俗称盖头。对于盖头这种婚俗，一般有两种说法：其中一种说法是说盖头是为了遮羞；而另一种说法是说源自于古代的掠夺婚，表示新娘子蒙上盖头后就永远找不到回去的路了。

第六节 民间传说

一、入洞房与度蜜月的来历

传说，入洞房和度蜜月的习俗是我们的祖先轩辕黄帝定下来的。

黄帝战败蚩尤，平息了战争，建立起部落联盟，制止了群婚，结束了野蛮时代，人类文明时代最初就从此开始了。

从群婚制转变为一夫一妻制是一件十分不容易的事。但是对刚刚统一了的部落联盟来说，群婚制度存在着极不利于团结的因素，经常发生抢婚事件，不光男抢女，也有女抢男。新联盟的部落之间，经常为抢婚发生打架斗殴。时间一长，矛盾必然激化，部落之间又有重新分裂的可能。黄帝为这件事经常愁眉不展。他找来身边的大臣常先、大鸿、风后、力牧、仓颉等人。多次商议如何制止群婚，建立一夫一妻制，大家谁都没有想出一个可行的办法。

有一天，黄帝带着一群大臣巡察群民居住的洞穴是否安全。突然发现一家人住着三个洞穴，为了防止野兽侵害，周围用石头垒起高高的围墙，只留下一个人能出进的门口。这个发现立即引起黄帝的兴趣。当天晚上他就召来身边所有的大臣。黄帝说："我有个制止群婚的想法，说出来让大家都议论一番，看行不行。"众臣都叫黄帝快讲。黄帝说："今天咱们看了群民们居住的洞穴，我想，制止群婚的唯一办法，就是今后凡配成一男

∧ 洞房

一女夫妻，结婚时，先聚集部落的群民前来祝贺，举行仪式，上拜天地，下拜爹娘，夫妻相拜。然后，吃酒庆贺，载歌载舞，宣告两人已经正式结婚。然后，再将夫妻二人送进事前准备好的洞穴（房）里，周围垒起高墙，出入只留一个门，吃饭喝水由男女双方家里亲人送，长则三月，短则四十天，让他们在洞里建立夫妻感情，学会烧火做饭，学会怎么过日子。今后，凡是部落人结婚入了洞房的男女，这就叫正式婚配，再不允许乱抢他人男女。为了区别已婚与未婚，凡结了婚的女人，必须把蓬乱头发挽个结。人们一看，知道这女人已结婚，其他男子再不能另有打算，否则就犯了部落法规。"

黄帝的想法得到了常先、大鸿、力牧等人的支持。众臣建议叫仓颉写个法规，公布于众，这个主张很快就得到各个部落群民的支持拥护。人们都争着为自己儿女挖洞穴（房）、垒高墙，凡儿女们一婚配，举行仪式后，就把他们送入洞房。群婚这一恶习就这样逐渐消失了。

但是，千百年来的习惯势力不是一朝一夕就能完全彻底改变过来。也有一些群民一时不习惯一夫一妻制夫妻生活。据说，有一对狩猎能手，男

我爱河南

82

的叫石磴，女的叫木苗。两人由双方家长说好婚配。举行婚礼后，双双送入洞房。生活了不到十天，石磴开始觉得整天只陪伴一个女的，有啥意思，还不如群婚好，喜欢哪个就陪哪个，一天可找两三个。木苗也觉得入了洞房不自在，整天陪着一个男人过，实在没乐趣，不如群婚自由自在，看上哪个男的就相爱几天。过几天不喜欢了再找别的男人，多自由，由于两人都产生不愿过一夫一妻制生活的念头，有天晚上，趁着夜深人静，两人双双越墙，各自逃跑了。

石磴和木苗都逃进了大森林，一时找不见有人烟的地方，心越急，路越迷。身上又没带狩猎工具，生怕野兽侵害。天亮后，又渴又饿，两人不知不觉地又走到一起了。为了保存生命，两人只好相依为命。整天摘野果，采蘑菇充饥。因迷路，一时走不出大森林，真不知如何是好。现在，他俩才意识到，眼下谁也离不开谁。有一天，两人实在又渴又饿又累，双双躺在一棵大树下休息。一群蜜蜂在他俩头上嗡嗡盘旋。石磴折了一根树枝，左右乱打，驱散蜂群。不料蜜蜂发怒，把两人蜇得鼻青脸肿。石磴发现蜂群是从树缝里钻出来，取出随身带的击火石，他叫木苗拾干柴，迅速点燃一堆大火，他俩从火堆里抽出火棍，朝着大树身上裂缝，一个劲燃烧。刹那时，蜜蜂烧毁了翅膀，再也飞不起来。火焰从树缝伸进去烧毁了蜂巢，蜂蜜从树缝渗流出来。开始，他两人不知流出是什么东西，只是闻着芳香扑鼻，石磴用手蘸了一点，放进嘴里用舌头一舔，非常香甜。他又叫木苗尝了一次，二人断定无毒，赶忙拾了一些树皮，把流出来的蜂蜜全都盛起来。两人只好整天在森林里采蘑菇，蘸蜂蜜充饥。就这样在大森林里度过了整整一个月，幸亏被黄帝手下狩猎能手于则发现，才把石磴和木苗救回来。

小两口在大森林里经过一个多月折腾，担惊受怕，整天提心吊胆，只怕野兽前来袭击。谁也不愿分开，谁也离不开谁，夫妻感情越来越深，才真正懂得了爱情的滋味。回到部落后，石磴和木苗再也没有分开，小两口从此建立起一个幸福家庭。这就是"入洞房与度蜜月"的来历，一直流传至今。

　　　　　　　　多样的传统文化　多彩的民俗风情

二、老子出世

　　鹿邑县位于豫皖交界的河南省东部，属河南省直管县，是老子故里，中国民间文艺家协会命名为"中国老子文化之乡"，该县太清宫镇是老子诞生地。

　　鹿邑县春秋时期叫苦县。苦县城东十里有个村庄，叫曲仁里。村前有条小河叫赖乡沟。沟水清凌凌，两岸有很多李子树。传说，沟边有一户人家，这家有个闺女，年纪十八岁，模样俊俏，知书识礼，爹娘把她看成掌上明珠，这闺女有个犟脾气，她决定终身不嫁，一生守在二老身旁，安心攻读诗书，侍奉爹娘。

　　一天，这闺女到赖乡沟洗衣裳，在石头上搓了一阵，举起棒槌正要往下捶，忽然看见两个肚子长在一起的李子从水面上漂了过来。她放下棒槌伸手把李子捞出来。只见两个李子都是一面鼓肚儿，一面扁平，像两个切

< 老子

我爱河南

开的半拉李子对到一块，又像两个耳朵合在一起。这李子青里透黄，黄里透红，咬一口尝尝，又甜又酸。这闺女还没顾得仔细品味，几口就吃完了。

刚吃完李子，她就感觉心里难受起来，老想呕吐，又吐不出来。她刚想站起来回家，忽听肚里有人说起话来："母亲大人，莫要难过，等孩儿坐正了也就好了。"她红着脸，小声对着肚子问："你是谁？咋钻到我肚里啦？"肚里的声音说："你刚才吃下李子，怀了我，我是你的孩子呀。""你既然是我的孩子，也会说话啦，快出来吧。""不行，我要在娘的肚子里用心思考问题，考虑如何能使笨人变聪明，恶人变善良。""你啥时候才出来呢？""要等到天长严，牵骆驼的人来了，我才能出去。"转眼过了十个月，孩子还没有降生，这闺女害怕了。她偷偷跑到一个僻静地方，小声问肚子里的孩子："儿啊，人怀了孕有七个月、八个月生的，也有九个月、十个月生的，你都十个月了，咋还不出生呢？"肚里问："天长严没有？牵骆驼的来没有？""天没长严，牵骆驼的没来。""时间不到，我不能出生。"

就这样，母子俩经常隔着肚皮说话，可孩子一直不肯出生。整整过了九九八十一个年头，这闺女变成了白发苍苍的老姑娘，她觉得自己没有几年阳寿了，实在等不下去了。这天她走进自己的屋子，坐在床上，问肚里儿子说："儿啊，我的冤家呀，整整八十一年了，你还不该降生吗？"儿子又问："天长严没有？牵骆驼的人来没有？""你咋老问这两句话呢？到底啥意思？""娘啊娘，天机不可泄露，反正是天不长严，牵骆驼的不来，我不能出去。"又过了几天，老闺女想：反正天就剩了东北角一点没长严，今天我干脆给孩子说天长严了，牵骆驼的来啦，把孩子哄出来算啦。主意拿定，她坐在床上，对着肚子说："孩子，快出来吧，天长严啦，牵骆驼的也来啦。"话刚落音，肚里的孩子就顶断母亲的右肋，拱了出来。咦，原来是个小孩模样的白胡子老头，连头发眉毛都是白的。

母亲右肋流血不止，儿子见牵骆驼的没来，知道是母亲骗了他。一时慌了手脚，不知如何是好，哭着说："母亲大人，牵骆驼的没来，我无法撕下骆驼皮来补在您身上，这该咋办呢？"说着，双膝跪地，给母亲磕了三个响头。母亲说："儿啊，别哭了，我不埋怨你。你是为娘吃李子怀孕生下来的，李子又像两个耳朵，娘给你指姓起名，就叫李耳吧，临死之前我没别的话讲，常言说人过留名雁过留声，娘进入九泉之后，你在尘世上做个好人，也就不枉我怀你八十余载了。"说罢，气绝身亡。李耳跪在母亲尸首旁边，好生痛哭一场。因为李耳出生时是老头模样，后来人们就把李耳称为老子。

三、王祥卧冰

很早很早以前，在洛阳老城西二十五里的地方有一条小河，小河边的村子里住着一个名叫王祥的男孩。

平时，尽管王祥对继母像对生母那样孝敬，可是他的继母开始时还可以，当她生了个男孩以后，渐渐地就把王祥看作眼中钉，肉中刺了。继母整天把重活指派给王祥干，王祥尽管非常卖力，但是，十成有一成做不好，她不是打便是骂，并且还经常在王祥父亲面前说他的坏话，时间长了，父亲对王祥也讨厌起来。尽管这样，王祥对父母还是和以前一样孝敬。

有一年冬天，王祥的继母得了病，她为了整治王祥，故意对王祥的父亲说，想吃村边河里的鲤鱼。王祥听见后便于第二天顶着寒风来到小河边。寒冬腊月，小河上结了厚厚的一层冰，不用说用脚踩，就是用石头也砸不开。怎么逮鱼呢？王祥坐在冰上哭起来。

他哭了一阵，突然发现自己屁股下的冰稍微化了一点，王祥就脱掉衣服卧在冰上，不一会儿便被冻麻木了。就在这时候，突然听到天空中轰隆隆一声巨响，一条火龙从天而降，卧在王祥卧冰的河边。那火龙吐出的火把岸边的土都烧红了，河里的冰也溶化了，王祥也被暖醒过来，于是他便提着两条鲤鱼回家了。

王祥卧冰 >

　　继母吃了王祥提来的鲤鱼，却不见病情好转，又连着让王祥卧冰二次，病情更加重了。有一天晚上，王祥的继母做了一个梦，梦见了一个小孩从她身上钻出来，对她说："你儿子为你卧冰求鱼，你却本性不改，百般虐待他，如果继续下去，叫你性命难保，你如果能改恶从善，吃几只黄雀肉，病可自解。"说完那小孩就不见了，继母被吓醒了。想想她平时对王祥百般虐待，心里又悔恨，又难过。她看见王祥穿着单薄的衣服，躺在木板上发抖，便产生了怜悯之心，忙拉起被子，给王祥盖上。

　　从此，继母像变了一个人，对王祥非常好，王祥又去捉了几只黄雀让继母吃，继母病也好了。打那以后，继母辛勤操持家务，又让王祥去读书。王祥非常聪明好学，长大以后，当了大官。后来，人们为了纪念王祥孝敬继母的品德，把他卧冰求鱼的那条小河，取名叫王祥河。

四、祭灶节传说

　　河南人在腊月二十三这天有祭灶的习俗，关于这个习俗有一则凄凉的民间传说。

　　　　　　　　　　　　　多样的传统文化　多彩的民俗风情

古代的时候，一对老夫妇仅有一子，两人视儿子如掌上明珠，十分疼爱。但因家中贫困，无以糊口，只得忍痛让儿子到煤矿去挖煤。儿子久去不归，老人格外想念。这天，老太婆嘱老汉到煤矿看看。路上，老汉遇到一个光脚片的同路人，两人越走越熟，相处十分融洽。闲谈之中，老汉得知光脚片是受阎王指使，来矿上收回一百名矿工。老汉心急如焚，乞求光脚片留下自己的儿子。光脚片慷慨应允，嘱他不要告诉别人。见了儿子，老汉佯装害病，儿子侍奉左右，一直无法下井。不久，煤矿出了事故，老汉赶忙把儿子领回家里。

转眼三年过去了，这年腊月二十二夜里，老汉想起当年的风险，忍不住对老伴说了。谁知此话被灶君听走了，二十三晚上，灶君上天后，对玉帝讲了这件事。玉帝恼羞成怒，立即惩罚了光脚片，并收走了老汉的儿子。为此，每到腊月二十三这天，人们敬灶君吃灶糖，希望他到天宫后，不要再搬弄人间是非。久而久之，人们都在腊月二十三祭灶。

祭灶仪式多在晚上进行。祭灶时，祭灶人跪在灶爷像前，怀抱公鸡。也有人让孩子抱鸡跪于大人之后。据说鸡是灶爷升天所骑之马，故鸡不称为鸡，而称为马。若是红公鸡，俗称"红马"，白公鸡，俗称"白马"。

< 灶神

祭灶时要焚烧香表，焚烧香表后，屋内香烟缭绕，充满神秘的色彩。男主人斟酒叩头，嘴里念念有词。念完后，祭灶人高喊一声"领"！然后手执酒浇鸡头。若鸡头扑楞有声，说明灶爷已经领情。若鸡头纹丝不动，还需再浇。祭灶仪式结束后，人们开始食用灶糖和火烧等祭灶食品，有的地方还要吃糖糕、油饼，喝豆腐汤。

在河南，典型的祭灶食品首推灶糖。灶糖，是一种又粘嘴又粘牙的麦芽糖。祭灶供灶糖的原因，是为了粘住灶爷的嘴巴。传说灶爷是玉帝派往人间监督善恶之神，它有上通下达，联络天上人间感情，传递仙境与凡间信息的职责。在它上天之时，人们供它灶糖，希望它吃过甜食，在玉帝面前多进好言。祭灶这天除吃灶糖之外，火烧也是很有特色的节令食品。每到腊月二十三祭灶这天，城市中的烧饼摊点生意非常兴隆。人们挤拥不动，争买祭灶火烧。农村大多是自己动手，发面、炕制，一家人热热闹闹，很有过小年的味道。

在河南，人们把祭灶节看作仅次于中秋的团圆节。凡在外地工作、经商、上学的人，都争取在腊月二十三之前赶回家里。能吃到家里做的祭灶火烧，便会得到灶神的保护，来年家人就能平安无事。

五、天下第一塔

古时候，开封城北角夷山上有一个井口大的泉眼，一眼看不见底，"咕嘟咕嘟"直往外冒水，日夜不息。淌出来的水十分浑浊，又碱又涩。城里本来就地势低洼，加上污水横流，可把老百姓给坑苦了，于是全城百姓商量着堵死这口害人的泉眼。用石头填，磨盘大的石头扔进去就不见了踪影。用沙袋堵，激流把沙袋冲得千疮百孔。人们想不出更好的办法，只得听凭它祸害古城。

有一天，一位商人来到夷山泉眼里打水，一个漩涡将水桶卷得无影无踪。不久他乘船外出经商，在大海上水手打捞起一只水桶，仔细一看正是

自己在夷山泉眼里丢失的水桶。这消息不胫而走,传遍全城,人们恍然大悟,心情更加沉重,原来泉眼底下通着东洋大海!有海妖兴风作浪,怪不得那么厉害,往后这日子可怎么过啊?正当百姓一筹莫展时,一连几夜古井上空都响彻着"造塔!造塔……"的叫声。人们心情振奋,奔走相告:"只有造塔才能镇住海妖,咱们就在泉眼上造塔!"可是,那时人们只会造桥,别说造塔,连塔是什么样子也没有见过。全城走南闯北见多识广的能工巧匠们聚在一起,谁也没有说出个子丑寅卯来。

这天,忽然有一位须发皆白、红光满面的老人沿街叫卖:"卖塔哟,卖塔!"人们顿时围过来争着观看,见他手中托的那件东西用楠木雕就,像一头粗一头细的红萝卜,又像一座座摞起来的亭阁,玲珑剔透,十分可爱。原来这就是塔呀!白发老人道:"你们要塔干啥呀?"工匠们抢着说:"我们要在海眼上造塔镇妖,为民除害!""好,有志气。那就把塔送给你们吧!"老人乐呵呵地放下木塔,飘然而去。工匠们把木塔拆开合拢,

反复几次，里里外外琢磨个遍。可是，在当时的条件下，真要在夷山上造一座高塔，谈何容易！

　　这天，赠塔老人忽然来到夷山，见山上堆满材料不见施工，质问道："你们造的塔呢？"工匠头说："俺们正在发愁，一层二层好造。往上就难办了，光料就运不上去。"白发老人生气地说："这点事都办不了，还说啥为民除害！"他夺过木塔，用脚往地上一踩，木塔被踩到土里，只露出一个塔尖尖。半晌，人们回过神来，又鼓起勇气，摩拳擦掌地说："咱们城都能造，还怕造塔？"他们小心翼翼、一层一层地把木塔从土里扒出来，看看木塔，又用土一层层把塔埋起来，大伙不禁豁然开朗。这时，人们才发现白胡子老汉不知什么时候不见了，只听空中隐约传来爽朗的笑声。工匠头说："一定是鲁班爷下凡来点化咱们的！"说着，便带头向空中遥拜，之后又热火

　　　　　　　　　　　　　　　　多样的传统文化　多彩的民俗风情

朝天地造起塔来。工匠们先在海眼上盖了第一层，然后用土把它埋起来，修成坡道运料，接着盖第二层，和在平地上施工一样。依次类推，一直盖了十三层，最后把封的土一层层剥开运走，一座巨塔就矗立在夷山上了。

据说人类的第一座塔就是用这种笨办法，花了几十年的工夫盖起来的。后来，人们建造的塔越来越多，越干越聪明，才创造了搭脚手架的施工方法。自从夷山造塔以后，开封再也不冒海水了。这座开封塔便是闻名中外的铁塔，又被誉为"天下第一塔"。

第七节　饮食文化

一、豫菜

豫菜，是中原烹饪文明的代表，是中国烹饪文化的一支。它发源于洛阳，南宋以后成为中国烹饪的地方流派，但因地处九州之中，一直秉承着中国烹饪的基本传统：中与和。"中"是指豫菜不东、不西、不南、不北，而居东西南北之中；不偏甜、不偏咸、不偏辣、不偏酸，而于甜咸酸辣之间求其中、求其平、求其淡。"和"是指溶东西南北为一体，为一统，溶甜咸酸辣为一鼎而求一味，而求一和。"中"与"和"是中原烹饪文化之本，是中华文明之本。

豫菜的特色是中扒（扒菜）、西水（水席）、南锅（锅鸡、锅鱼）、北面（面食、馅饭）。就烹饪技术来说，豫菜的特色是选料严谨、刀工精细、

讲究制汤、滋味适中。而河南菜的烹调方法有50余种。扒、烧、炸、熘、爆、炒、焅别有特色。其中，扒菜更为独到，素有"扒菜不勾芡，汤汁自来黏"的美称。另外，河南爆菜时多用武火，热锅凉油，操作迅速，质地脆嫩，汁色乳白。

（一）豫菜的主要名菜

1.糖醋软熘鱼焙面　又称熘鱼焙面、鲤鱼焙面，是豫菜的历史名菜。此菜名，其一在鲤鱼，河南得黄河中下游之利，金色鲤鱼，历代珍品。"岂其食鱼、必河之鲤"，此鱼上市，宋代曾有"不惜百金持鱼归"之语，可见其珍。其二是豫菜的软熘，以活汁而闻名。所谓活汁，历来两解，一是熘鱼之汁需达到泛出泡花的程度，称作汁要烘活；二是取方言中和、活之谐音，糖、醋、油三物，甜、咸、酸三味要在高温下，在搅拌中充分融和，各物、各味俱在但均不出头，你中有我，我中有你，不见油，不见糖，不见醋，甜中透酸，酸中透咸，鱼肉肥嫩爽口而不腻。鱼肉食完而汁不尽，上火回汁，下入精细的焙面，热汁酥面，口感极妙。

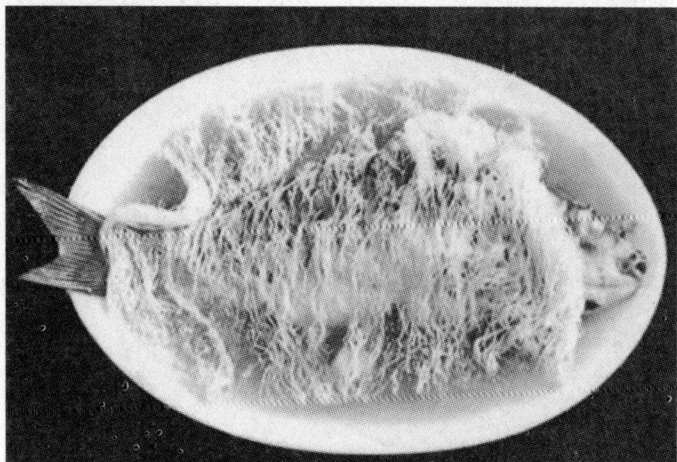

糖醋软熘鱼焙面 >

　　　　　　　　多样的传统文化　多彩的民俗风情

< 煎扒青鱼头尾

2.煎扒青鱼头尾　此菜清末民初便享誉中原，素有"奇味"之称。以大青鱼为主料，取头尾巧施刀工，摆置扒盘两端，鱼肉剁块圆铺在头尾之间。下锅两面煎黄后以冬笋、香菇、葱段为配料，上锅箅高汤旺火扒制，中小火收汁。汁浓鱼透、色泽红亮。食时头酥肉嫩，香味醇厚。民国初年，康有为游学汴京，尝此菜后有"味烹侯鲭"之赞，康君知味，意犹未尽，又书扇面"海内存知己小弟康有为"赠又一村灶头黄润生，成一段文人、名厨相交之佳话。

3.炸紫酥肉　号称"赛烤鸭"，此菜选用猪五花肉，经浸煮、压平、片皮处理，用葱、姜、大茴、紫苏叶及调料腌渍入味后蒸熟，再入油炸

< 炸紫酥肉

我爱河南

四五十分钟。炸时用香醋反复涂抹肉皮，直至呈金红色，皮亦酥脆，切片装碟，以葱白、甜面酱、荷叶夹或薄饼佐食，酥脆香美、肥而不腻，似烤鸭而胜烤鸭。

4.牡丹燕菜　原名洛阳燕菜。洛阳之外多称素燕菜或假燕菜，也是洛阳水席之头菜。此菜制作十分精细，它以白萝卜切细丝，浸泡、空干、拌上好的绿豆粉芡上笼稍蒸后，入凉水中撕散，加上盐味。再蒸成颇似燕窝之丝。此时配以蟹柳、海参、火腿、笋丝等物再上笼蒸透，然后以清汤加盐、味精、胡椒粉、香油浇入即成。其味醇、质爽，十分利口。

5.扒广肚　广肚唐代已成贡品，宋代渐入酒肆。千百年来均属珍品之列。此物入菜，七分在发，三分烹制，最佳是扒。豫菜的扒，以算扒独树一帜。数百年来，"扒菜不勾芡，功到自然粘"，成为厨人与食客的共同标准与追求。扒广肚作为传统高档筵席广肚席的头菜，是这一标准的追求和体现。此菜将质地绵软白亮的广肚片片，然后铺在竹扒算上，用上好的奶汤小武火扒制而成。成品柔、嫩、醇、美，汤汁白亮光润，故又名白扒广肚。

扒广肚 >

<炸八块

6.汴京烤鸭　汴京（开封）自古有江北水城之誉。故不乏鸭类菜肴。汴京燠鸭，宋时便是市肆名菜。燠者乃是以炉灰煨炙之法熟之，后演变为以果木明火烤炙而成，便以烤鸭取代燠鸭为制鸭之主流之法，北宋后传入北方。汴京烤鸭风行千年而不废，皮酥肉嫩，以荷叶饼、甜面酱、菊花葱、蝴蝶萝卜佐食，以骨架汤、绿豆面条添味，当是一道大餐。

7.炸八块　响堂报菜，多出妙语。河南酒楼堂倌"一只鸡子剁八瓣，又香又嫩又好看"的唱词便是其一。这八瓣之鸡就是叫响了二百余年的炸八块。此菜是用秋末之小公鸡两腿四块，鸡膀连脯四块，以料酒、精盐、酱油、姜汁腌制入味后，旺火中油入锅，顿火浆透，升温再炸，使其外脆里嫩。食时佐以椒盐或辣酱油，及其爽口。此菜是鲁迅当年爱吃的四个豫菜之一，作家姚雪垠有"我最喜欢河南的炸八块又香又嫩"的赞语。

（二）豫菜的面点

1.河南蒸饺　是河南馅食名品，各地多有经营，郑州蔡记最为知名。蒸饺之皮主要为烫面制成，猪后腿肉制馅，包成后形似水饺，旺火蒸制，少时即熟。成品皮薄软筋、馅嫩鲜香、灌汤流油、味美可口。

2.开封灌汤包子　又称开封灌汤小笼包子，宋代便有经营。此包皮薄、馅大、汤满，馅嫩味醇。有"提起像灯笼，放下似菊花"之说。从1922年以后，黄继善经营的开封第一楼成为灌汤小笼包子名店，近二十年来更是享誉四方，是开封餐饮的城市名片。

3.双麻火烧　是汴京（开封）胡饼店名品，在开封延续经营至今。此饼油面为皮面，酥面为里面，合二为一，擀片包圆制饼，两面刷水沾芝麻，先用鏊子焙，再入炉膛烤，成品微黄、酥焦、五香味浓。

4.鸡蛋灌饼　热水和面，擀片刷油成形，上鏊烙制，似乎很简单，但就在这饼将熟之时，把油饼开口灌入鸡蛋是个关键，要求鸡蛋灌得匀、灌得满，成熟后外焦里软，鲜香利口，开封王馒头老店最为拿手。

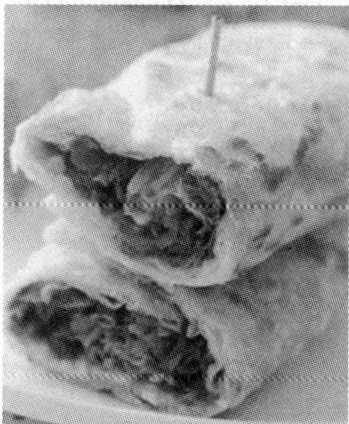

∧ 鸡蛋灌饼

∧ 河南蒸饺

多样的传统文化　多彩的民俗风情

5.韭头菜盒　　所谓菜盒，是用两张薄饼，包入时鲜韭头为主料的素馅在平底锅上烙制而成的。成品白饼黄花，这黄花是炕制时面皮泛起的气泡破碎而成。火候掌握的好，花匀微黄，入口软筋，透着韭头特有的清香。

6.烫面角　　烫面角和蒸饺相似，皆是用烫面制皮，但用水量不同，烫面的熟度不同、口感不同，烫面角水量大，面皮质软，食来自是一番风味。洛阳新安县猪肉白菜馅的烫面角最为知名。

二、洛阳水席

洛阳水席是洛阳一带特有的传统名吃。水席起源于洛阳，这与其地理气候有直接关系。洛阳四面环山，地处盆地雨少而干燥。古时天气寒冷，不产水果，因此民间膳食多用汤类。之所以称为水席，有两个含义：一是全部热菜皆有汤——汤汤水水；二是热菜洛阳水席吃完一道，撤后再上一道，像流水一样不断地更新，仿佛行云流水一般。

洛阳水席全席二十四道菜，即八个冷盘、四个大件、四个压桌菜。其上菜顺序是：席面上先摆四荤四素八凉菜，接着上四个大菜，每上一个大菜，带两个中菜，名曰"带子上朝"。第四个大菜上甜菜甜汤，后上主食，

< 洛阳水席

洛阳水席 >

接着四个压桌菜，最后送上一道"送客汤"。二十四道连菜带汤，章法有序，毫不紊乱。

洛阳水席始于唐代，至今已有1000多年的历史，是中国迄今保留下来的历史最久远的名宴之一。相传是袁天罡早年夜观天象，知道武则天将来要当皇帝，但天机又不可泄露，就设计了这个大宴，预示武则天日后二十四年的酒肉光景。每道菜汤汤水水，即是暗指武则天水到渠成；干干稀稀，是喻指武则天二十四年的干系（稀）。"洛阳水席"的菜序是前八品（冷盘）、四镇桌、八大件、四扫尾，共二十四道菜，这正应了武则天从永隆元年总揽朝政，到神龙元年病逝洛阳上阳宫的二十四年。洛阳水席的特点是有荤有素、选料广泛、可简可繁、味道多样，酸、辣、甜、咸俱全，舒适可口。"真命天子假燕窝"，这指的是水席的另一特点——素菜荤做，以假代真。水席中有名的"洛阳燕菜"、"假海参"等，都是民间普通的萝卜、粉条，但经厨师妙手烹制后，便脱胎换骨，味美异常，如奇花绽放，让人叫绝。

洛阳水席的头道菜是"牡丹燕菜"，原称为"假燕菜"。所谓"假燕菜"，就是以他物假充燕窝而制成的菜肴。这个作假的源头也发生在武则天身上。传说武则天称帝以后，天下倒也太平，民间发现了不少的"祥瑞"，如什么麦生三头，谷长三穗之类，武则天对这些太平盛事当然是满心高兴，十分感兴趣。一年秋天，洛阳东关外地里长出了一个大白萝卜，长有三尺，

　　　　　　　多样的传统文化　多彩的民俗风情

< 牡丹燕菜

上青下白，这个异常巨大的白萝卜，理所当然被当成吉祥之物敬献给了女皇。武则天很是欢喜，遂命皇宫御厨将之做菜，来一尝异味。萝卜能做什么好菜呢，但女皇之命又不敢不遵，御厨没有办法，只好硬着头皮，对萝卜进行了多道加工，并掺入山珍海味，烹制成羹。武则天品尝之后，感觉香美爽口，很有燕窝汤的味道，就赐名为"假燕菜"。从此，武则天的菜单上就加了"假燕菜"，成为武则天经常品尝的一道菜肴。女皇的喜好，影响了一大批贵族、官僚，大家在设宴时都要赶这个时髦，把"假燕菜"作为宴席头道菜，即使在没有萝卜的季节，也想法用其他蔬菜来做成"假燕菜"，以免掉身价。上有所好，下必甚焉。宫廷和官场的喜好，极大地影响了民间的食欲，人们不论婚丧嫁娶，还是待客娱友，都把"假燕菜"作为桌上首菜，来开始整个宴席。后来，随着时代的推移，武则天的赐名逐渐湮没，人们将之称为"洛阳燕菜"，或简称为"燕菜"。

洛阳是著名的牡丹城，人们又将娇艳华贵的牡丹和燕菜结合了起来，使之更富有鲜明的洛阳特色。1973年10月14日，周恩来总理陪同加拿大总理特鲁多来洛阳参观访问，洛阳的名厨为他们做了一道清香别致的"洛阳燕菜"只见一朵洁白如玉、色泽夺目的牡丹花，浮于汤面之上，菜香花鲜，赢得贵宾们的拍手叫绝，周总理也风趣地说道："菜里开花了"。所以人们后来又把燕菜称为"牡丹燕菜"，菜以花名，花以菜传，两者相得益彰，名声更大了。

第五章

中原豪杰　俊采星驰

　　安阳岳飞庙巍峨庄严，气势恢宏。正殿内彩梁画栋，辉煌绚丽，中央为岳飞彩塑坐像，头戴金盔，身着紫袍，臂露金甲，手握宝剑，英武魁伟，气宇轩昂。上悬"还我河山"贴金巨匾。坐像两侧镶嵌张爱萍将军题写的楹联"朱仙镇血战丧敌胆，风波亭长恨遗千秋"。

∧ 张仲景行医图（浮雕）

第一节　舜

　　舜是父系氏族社会后期一位著名的部落联盟领袖，是五帝之一。舜出生于姚地（今天河南濮阳），以地取姓氏为姚，名重华。舜建国号有虞，都蒲阪。按先秦时代以国为姓氏的习惯，故称有虞氏帝舜。

　　相传舜的家世十分寒微，虽然是帝颛顼的后裔，但五世为庶人，处于社会下层。舜的遭遇更为不幸，父亲瞽叟（gǔ sǒu），是个盲人，母亲去世很早。瞽叟续娶，同父异母弟名字叫象。舜生活在"父顽、母嚣、象傲"的家庭环境里，父亲心术不正，继母两面三刀，弟弟桀骜不驯，三个人对舜都十分苛待。然而舜对父母十分孝顺，对弟弟十分友善。在家里人要加

舜 >

中原豪杰　俊采星驰

害于舜的时候，他及时逃避；家里人对他稍微好一点，他又马上回到他们身边。史书故称其是"欲杀，不可得；即求，尝（常）在侧"。虽然舜的家庭环境不好，但是他依然表现出非凡的品德。

相传舜以孝行而闻名。舜能对虐待、迫害他的父母坚守孝道，因此在青年时代舜的孝顺品德就被周围的人称扬。之后尧在向四岳（四方诸侯之长）征询继任人选时，四岳就推荐了舜。尧将两个女儿女英和娥皇同时嫁给了舜，以考察他的品行和能力。舜不但使二女与全家和睦相处，而且还表现出卓越的才干和高尚的人格。"舜耕历山（济南千佛山，古称历山，又称舜山、舜耕山），历山之人皆让畔；渔雷泽，雷泽之人皆让居"，他劳作的地方，便兴起礼让的风尚；"陶河滨，河滨器皆不苦窳"，因为他制作陶器非常认真，也带动周围的人认真做事。因为舜品德出众，人们都愿意追随，故有"一年而所居成聚（聚即村落），二年成邑，三年成都（四县为都）"。尧对舜赞赏有加，赐予舜絺衣（细葛布衣）和琴，赐予牛羊，还为他修筑了仓房。

瞽叟和象贪恋舜得到的赏赐，想杀掉舜霸占财物。瞽叟让舜修补仓房的屋顶，却在下面纵火焚烧仓房。舜靠两只斗笠作翼，从仓房上跳下，幸免于难。后来瞽叟又让舜掘井，井挖得很深了，瞽叟和象却在上面填土，要把井堵上，将舜活埋在里面。幸亏舜事先有所警觉，在井旁边挖了一条通道，从通道逃出。瞽叟和象以为阴谋得逞，象说这主意是他想出来的，分东西时要琴，还要尧的两个女儿给他做妻子，把牛羊和仓房分给父母。象住进了舜的房子，弹奏舜的琴，舜去见他，象大吃一惊，老大不高兴，嘴里却说："我正十分难过地思念你呢！"舜也不放在心上，一如既往，孝顺父母，友于兄弟。

后来尧让舜参与政事，舜不但将政事处理得井井有条，而且在用人方面有所改进。舜使"八元"管土地，使"八恺"管教化；舜将"四凶族"，即帝鸿氏的不才子浑沌、少暤氏的不才子穷奇、颛顼氏的不才子梼杌、缙云氏的不才子饕餮，流放到边远荒蛮之地。舜治国有方，很有政治才干。

　　尧禅位于舜，舜执政以后，励精图治。他重新修订历法，又举行祭祀上帝、祭祀天地四时、祭祀山川群神的大典；还把诸侯的信圭收集起来，再择定吉日，召见各地诸侯君长，举行隆重的典礼，重新颁发信圭。他即位的当年，就到各地巡守，祭祀名山，召见诸侯，考察民情；还规定以后五年巡守一次，考察诸侯的政绩，明定赏罚，可见舜注意与地方的联系，加强了对地方的统治。

　　《史记》记载，舜摄政28年，尧去世。舜于3年的丧事完毕之后，便让位给尧的儿子丹朱，自己退避到南河之南。但是，天下诸侯都去朝见舜，却不理会丹朱；打官司的人也都告状到舜那里，民间编了许多歌谣颂扬舜，都不把丹朱放在眼里。舜觉得人心所向，无法推卸，遂回到都城管理政事。在年老的时候，舜认为自己的儿子商均不肖，就确定了威望最高的禹为继任者，并由禹来摄行政事。

　　儒家学说重视孝道，舜以孝著称，他的人格形象是儒家伦理学说的典范。孟子极力推崇舜的孝行，而且倡导人们努力向舜看齐，做舜那样的孝子。说："舜，人也；我，亦人也。舜为法于天下，可传于后世，我由（犹）未免为乡人也，是则可忧也。忧之如何？如舜而已矣。"由于儒家的宣传，有关舜的传说在中国传统文化中留下极为深刻的影响。

第二节　老子

老子，字伯阳，谥号聃，又称李耳。春秋时期楚国苦县厉乡曲仁里（今河南省鹿邑县太清宫镇）人，是我国最伟大的哲学家和思想家之一，被道教尊为教祖。

老子的思想主张是"无为"。老子用"道"来解释宇宙万物的演变，认为"道"是客观的自然规律，同时又具有"独立不改，周行而不殆"的永恒意义。

< 老子

天地不仁，以萬物為芻狗。聖人不仁，以百姓為芻狗。天地之間，其猶橐籥乎？虛而不屈，動而愈出。多言數窮，不如守中。

道德经

　　老子的哲学思想都体现在《老子》一书中。这本书中包括大量朴素辩证法观点，例如一切事物均具有正反两面，"反者道之动"，并能由对立而转化，"正复为奇，善复为妖"，"祸兮福之所倚，福兮祸之所伏"。再如世间事物均为"有"与"无"之统一，"有、无相生"，而"无"为基础，"天下万物生于有，有生于无"。老子的学说对中国哲学发展具有深刻影响。

　　《老子》，又名《道德经》，又有一说法为《德道经》。1973年，马王堆汉墓出土了帛书《老子》。帛书《老子》有甲乙两种版本，都是《德篇》在前，《道篇》在后。尤其是乙本在两篇后分别有"德""道"二字明确分出篇名。这使得自魏晋以来被误名为《道德经》，及颠倒《德篇》与《道篇》编排次序的事实真相大白。在敦煌藏经洞中发现的老子《老子·德道经》，多以《德篇》为上篇，《道经》为下篇，不分章，与今天流传的《道德经》

　　　　　　　　　　　　　　　　　中原豪杰　俊采星驰

上下二卷（《道经》在前，《德经》在后，并分为八十一章）次序不同。

20 世纪 70 年代出土的银雀山竹简和马王堆帛书《老子·德道经》，为汉文帝二十年（公元 168 年）以前的版本，比敦煌本早八九百年，也是《德篇》在前《道篇》在后。可见《老子·德道经》以"德"、"道"分上下是战国以来的旧传，符合老子淳德归道、全德复道的本意。敦煌写本、银雀山竹简本和马王堆帛书保持了这个真面貌，是研究老子的最好材料。

老子的哲学思想直至今日依然值得我们学习和思考。平日里我们耳熟能详的哲学道理，许多都是出自于老子的哲学思想，例如："道可道，非常道。名可名，非常名。""上善若水。水善利万物而不争，处众人之所恶，故几于道。""人之所畏，不可不畏。""人法地，地法天，天法道，道法自然。"等等。

第三节　庄子

庄子，名周，字子休（一作子沐），河南商丘人。庄子原来是楚国的公族，是楚庄王后裔，后因避乱迁至宋国（今河南商丘）。战国时期哲学家、文学家、思想家，道家学说及思想的主要创始人，与道家始祖老子并称为"老庄"，他们的哲学思想体系，被思想学术界尊为"老庄哲学"，然而他的文采更胜老子。

庄子主张"天人合一"和"清静无为"。他的学说内容丰富，但根本精神正如司马迁所言，"其要归本于老子"，还是皈依于老子的哲学。庄子的生活贫穷，却鄙弃荣华富贵、权势名利，保持独立的人格，追求逍遥无恃的精神自由。

庄子 >

　　庄子的代表作是《庄子》，也被称为《南华真经》，其中的名篇有《逍遥游》、《齐物论》等。《庄子》书分内、外、杂篇，原有五十二篇，乃由战国中晚期逐步流传、揉杂、附佚，至西汉大致成形，然而当时流传版本，今已失传。目前所传三十三篇，"内篇"七篇，"外篇"十五篇，"杂篇"十一篇，是由郭象整理，篇目章节与汉代亦有不同。"内篇"的七篇

庄子梦蝶 >

　　　　　　　　　　　　　　　　　　中原豪杰　俊采星驰

文字肯定是庄子所写的，可代表战国时期庄子思想核心，"外篇"十五篇一般认为是庄子的弟子们所写，或者说是庄子与他的弟子一起合作写成的，它反映的是庄子真实的思想；"杂篇"十一篇的情形就要复杂些，应当是庄子学派或者后来的学者所写。

庄子的文章，富于想象，具有浓厚的浪漫主义色彩，并采用寓言故事形式，富有幽默讽刺的意味，对后世文学语言有很大影响。其超常的想象和变幻莫测的寓言故事，构成了庄子特有的奇特的想象世界，"意出尘外，怪生笔端"。（刘熙载《艺概·文概》）庄子的文章结构，行所欲行，止所欲止，汪洋恣肆，变化无端，但思想却能一线贯穿。句式也富于变化，或顺或倒，或长或短，更加之词汇丰富，描写细致，又常常不规则地押韵，显得极富表现力，极有独创性。

《庄子》在哲学和文学上都有较高的研究价值。鲁迅先生说过："其文汪洋辟阖，仪态万方，晚周诸子之作，莫能先也。"庄子文字的汪洋恣肆，意象的雄浑飞越，想象的奇特丰富，情致的滋润旷达，给人以超凡脱俗与崇高美妙的感受，在中国的文学史上独树一帜，他的文章体制已脱离语录体形式，标志着先秦散文已经发展到成熟的阶段。《庄子》代表了先秦散文的最高成就。

第四节　姜子牙

姜太公，史称太公望；史书称吕尚、吕望；俗称姜太公、姜子牙，是炎帝的后人，本来的姓氏是"姜"，后来因为他的先祖伯夷被分封在吕国，后世从其先祖封姓，故曰吕尚。

姜太公 >

　　姜尚的先世是贵族，到姜子牙时，家道中落沦为贫民。为了生计，年轻时姜尚在商都朝歌宰牛卖肉，还到孟津做过卖酒生意。虽家境贫寒，姜尚学习勤苦，胸怀大志，研究治国兴邦之道，以期有朝一日大展宏图。直至暮年，他终于等来了施展才华的机会。

　　当时商王朝正是走向衰亡的时期。商纣王荒淫无度，暴虐无道，朝政腐败，经济崩溃，社会黑暗，民不聊生。西部的周国由于西伯姬昌（后为周文王）实行仁政，发展经济，国势日强，社会清明，人心安定，四边诸侯望风依附。

　　姜尚获悉姬昌为了治国兴邦，正在广求天下贤能之士，于是毅然离开商朝，来到渭水之滨的西周领地，栖身于磻溪，终日以垂钓为事，以静观世态的变化，待机出山。

　　　　　　　　　　　　　　　　　　　　　　中原豪杰　俊采星驰

一天，姜尚在磻溪垂钓时，恰遇到此游猎的西伯姬昌，二人相谈甚欢。姬昌见姜尚学识渊博，便向他请教治国兴邦的良策，姜尚当即提出了"三常"之说："一曰君以举贤为常，二曰官以任贤为常，三曰士以敬贤为常。"意思是，要治国兴邦，必须以贤为本，重视发掘、使用人才。姬昌听后非常高兴，说道："我先君太公预言：'当有圣人至周，周才得以兴盛。'您就是那位圣人吧？我太公望子久矣！"于是，姬昌亲自把姜尚扶上车辇，一起回宫，拜为太师，称"太公望"。

　　姜尚在辅佐周文王期间，制订了一系列有效的内外政策。周武王接受了姜尚的建议，励精图治，使周朝政治日益清明。而此时的殷商王朝政局更加昏暗，叛殷附周者越来越多。

　　周武王九年，周国的军队在姜尚的统帅下，开到孟津举行了历史上有名的"孟津之誓"，发表了声讨殷纣王的檄文。当时八百诸侯会盟此地，显示了周武王的声威。许多诸侯都说"商纣可伐"！周武王和姜尚则认为，时机尚不成熟，殷商王朝的统治虽已陷入内外交困、岌岌可危的境地，但其内部尚无明显的土崩瓦解之状。这次行动，实际是灭商前的一次预演，在诸侯国间产生了强烈影响，使更多诸侯听命于周武王。

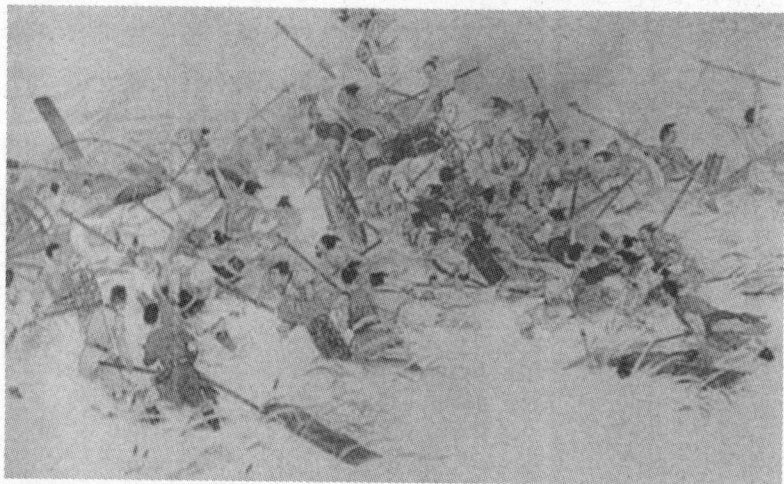

<牧野之战

我爱河南

周武王十一年，殷商王朝统治集团核心发生内讧，良臣比干被杀，箕子被囚为奴，微子启惧祸出逃，太师疵、少师强投降周武王。周武王问姜尚："殷大臣或死或逃，纣王是否可伐？"姜尚答道："天与不取，反受其咎；时至不行，反受其殃。"周武王闻言，决意举兵伐纣。二月初五，周武王率领大军，在牧野与纣王展开决战，周国大获全胜。

周朝建国之后，姜尚因灭商有功，被封于齐，都城营丘（今日临淄市临淄北）。姜尚到齐国后，改革齐国的政治制度，顺应当地的习俗，简化周朝的繁文缛节。大力发展商业，让百姓享受鱼盐之利。齐国成为当时的富国之一。在周成王时，管叔、蔡叔作乱，淮河流域的少数民族也趁机叛乱，周王下令给姜尚说："东到大海，西到黄河，南到南岭，北到无棣，无论是侯王还是伯男，若不服从，你都有权力征服他们。"从此，齐国成为大国，疆域日益广阔，使之成为后来的春秋"五霸"和战国"七雄"之一。战乱最终被周公姬旦给平叛。太公姜尚活了一百多岁而卒，葬地不详。

司马迁在《史记·齐太公世家》中指出："后世之言兵及周之阴权皆宗太公为本谋。"姜尚是中国谋略家的开山鼻祖，其军事韬略在中国战争史上占有重要地位，对后世用兵有深远的影响。

知识小百科

天干地支

天干地支，简称"干支"。在中国古代的历法中，甲、乙、丙、丁、戊、己、庚、辛、壬、癸被称为"十天干"，子、丑、寅、卯、辰、巳、午、未、申、酉、戌、亥叫作"十二地支"。十干和十二支依次相配，组成六十个基本单位，两者按固定的顺序互相配合，组成了干支纪法。从殷墟出土的甲骨文来看，天干地支在我国古代主要用于纪日，此外还曾用来纪月、纪年、纪时等。

中原豪杰　俊采星驰

第五节　张仲景

　　张仲景，字仲景，名机，东汉南阳人，中国古代伟大的医学家、被称为"医圣"。汉灵帝时曾举孝廉，张仲景官至长沙太守，所以有"张长沙"之称。

　　张仲景出生于一个没落的官僚家庭，父亲张宗汉曾在朝为官，于是他从小就接触了许多典籍。他从小嗜好医学，"博通群书，潜乐道术。"他十岁时，就已读了许多书，特别是有关医学的书。他从史书上看到了扁鹊

< 张仲景

我爱河南

望诊齐桓公的故事后，对扁鹊产生了敬佩之情，这为他后来成为一代名医奠定了基础。他的同乡何颙赏识他的才华，曾经对他说："君用思精而韵不高，后将为良医。"（《何颙别传》）后来，张仲景果真成了良医，被人称为"医中之圣，方中之祖"。

张仲景生活在动乱的东汉末年，连年混战，"民弃农业"，都市田庄多成荒野，人民颠沛流离，饥寒困顿。各地连续爆发瘟疫，尤其是洛阳、南阳、会稽（绍兴）疫情严重，"家家有僵尸之痛，室室有号泣之哀"。张仲景的家族也不例外。对这种悲痛的惨景，张仲景非常忧心。

当时，在他的宗族中有个人叫张伯祖，是个极有声望的医生。张仲景为了学习医学，就去拜他做老师。张伯祖见他聪明好学，又有刻苦钻研的精神，就把自己的医学知识和医术，毫无保留地传授给他，张仲景尽得其传。何颙在《襄阳府志》一书中曾赞叹说："仲景之术，精于伯祖。"《伤

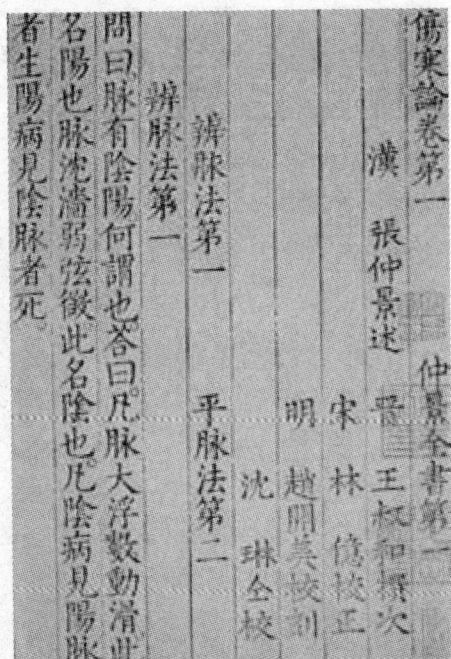

《伤寒论》>

中原豪杰　俊采星驰

寒杂病论》序中有这样一段话："上以疗君亲之疾，下以救贫贱之厄，中以保生长全，以养其身。"表现了仲景作为医学大家的仁心仁德，后人尊称他为"医中之圣"。

据载自汉献帝建安元年（公元196年）起，十年内有三分之二的人死于传染病，其中伤寒病占百分之七十。"感往昔之沦丧，伤横夭之莫救。"（《伤寒论》自序）于是，他发奋研究医学，立志做个能解脱人民疾苦的医生。他一生勤求古训，博采众方，集前人之大成，写成了医学名著《伤寒杂病论》。后世中医学者称张仲景为"医圣"，奉《伤寒杂病论》为医经（唐宋以后分为《伤寒论》和《金匮要略》两部书）。从魏晋及今，1600多年来，《伤寒杂病论》一直是学习中医必读的经典著作。

《伤寒杂病论》所确立的"辨证论治"原则，是中医临床的基本原则，是中医的灵魂所在，是祖国医学伟大宝库中的灿烂明珠，从而使中华民族

的医学独具特色而自立于世界民族之林。在方剂学方面，《伤寒杂病论》也做出了巨大贡献，创造了很多剂型，记载了大量有效的方剂。其所确立的六经辨证的治疗原则，受到历代医学家的推崇。这是中国第一部从理论到实践、确立辨证论治法则的医学专著，是中国医学史上影响最大的著作之一，是后学者研习中医必备的经典著作，广泛受到医学界和临床大夫的重视。

自隋唐以后，张仲景的著作远播海外，在世界医学界享有盛誉。从晋朝至今，中外学者整理、注释、研究《伤寒论》、《金匮要略》而成书的已超过1700余家，这在世界史上实属罕见。

张仲景故里位于南阳，多少年来民众自发地前来南阳医圣祠纪念、拜谒。南阳民间祭拜张仲景自汉代延续至今，"瞻仰医圣"、"叠纸求医"、"摸羊头"、"接圣水"等是群众主要祭祀活动内容，这一民俗活动将持续三天。医圣张仲景祭祀活动已入选河南省首批非物质文化遗产名录。

张仲景的墓葬于南阳（今河南省南阳市），仲景墓现存完好，成为了人们拜谒的地方。

第六节　杜甫

杜甫，字子美，由于他在长安时一度住在城南少陵附近，自号少陵野老，今河南巩义人。他是盛唐时期伟大的现实主义诗人。他在中国古典诗歌中的影响非常深远，被后世尊称为"诗圣"，他的诗也被称为"诗史"。杜甫与李白合称"李杜"，为了与另两位诗人李商隐与杜牧即"小李杜"区别，杜甫与李白又合称"大李杜"。

<　杜甫

　　杜甫生长在"奉儒守官"并有文学传统的家庭中，七岁开始学诗，十五岁时诗文就引起洛阳名士们的重视。天宝三年，杜甫在洛阳与李白相遇，二人畅游齐鲁，结下深厚的友谊。次年秋，杜甫将西去长安，李白准备重游江东，他们在兖州分手，此后没有再会面，杜甫为此写过不少怀念李白的感人诗篇。

　　杜甫在长安居住十年，这期间他的生活、思想和创作发生了巨大的变化。杜甫"尝困于衣食"，为了维持生计，不得不出入贵族府邸，充当"宾客"，同时，他结交一些与他同样贫困的朋友，也比较广泛地接触劳动人民。他的足迹从贫乏的坊巷走到贵族的园林，从重楼高阁互竞豪华的曲江走到征人出发必须经过的咸阳桥畔，仕途的挫折使他能客观地认识统治阶层的

腐败，个人的饥寒交迫使他能体会到人民的疾苦，这两方面截然不同的生活都在杜甫诗中得到反映。

尽管个人遭遇不幸，但杜甫无时无刻不忧国忧民。时值安史之乱，他时刻注视着时局的发展，在此期间写了两篇文章：《为华州郭使君进灭残寇形势图状》和《乾元元年华州试进士策问五首》，为剿灭安史叛军献策，考虑如何减轻人民的负担。当讨伐叛军的劲旅——安西、北庭行营节度使李嗣业的兵马路过华州时，他写了《观安西兵过赴关中待命二首》的诗，表达了爱国的热情。乾元元年（公元758年）年底，杜甫暂离华州，到洛阳、偃师（均在今河南省）探亲。第二年三月，唐军与安史叛军的邺城（今河南安阳）之战爆发，唐军大败。杜甫从洛阳返回华州的途中，见到战乱给百姓带来的无穷灾难和民众忍辱负重参军参战的爱国行为，感慨万千，便奋笔创作了不朽的史诗——"三吏"（《新安吏》、《石壕吏》、《潼关吏》）和"三别"（《新婚别》、《垂老别》、《无家别》），并在回华州后，将其修订脱稿。"满目悲生事，因人作远游。"乾元二年（公元759年）夏天，华州及关中大旱，杜甫写下《夏日叹》和《夏夜叹》，忧时伤乱，咏叹国难民苦。这年立秋后，杜甫因对污浊的时政痛心疾首，而放弃了华州司功参军的职务，西去秦州（今甘肃省天水一带）。杜甫在华州司功任内，共作诗30多首。

杜甫几经辗转，最后到了成都，在严武等人的帮助下，在城西浣花溪畔，建成了一座草堂，世称"杜甫草堂"，也称"浣花草堂"。后被西川节度使严武荐为节度，全家寄居在四川奉节县。两年后，离开奉节县到江陵、衡阳一带辗转流离。唐代宗大历五年（公元770年），杜甫病死在湘江的一只小船中。在他最后漂泊西南的11年间，他虽过着"生涯似众人"的生活，但却写了《茅屋为秋风所破歌》、《闻官军收河南河北》《秋兴》、《岁晏行》等1000多首诗。杜甫的诗都收集在《杜工部集》中。

杜甫是伟大的现实主义诗人，他经历了唐代的由盛到衰的过程。因此，与诗仙李白相比，杜甫更多的是对国家的忧虑及对老百姓的困难生活的同情。

第七节　白居易

　　白居易，字乐天，晚年又号香山居士，出生于新郑县（今河南新郑）东郭宅。

　　白居易出生不久，河南一带便发生了战事，战火烧得民不聊生。白居易两岁时，任巩县令的祖父卒于长安，紧接他的祖母又病故。白居易的父亲白季庚，先由宋州司户参军授徐州彭城县县令，一年后因白季庚与徐州刺史李洧坚守徐州有功，升任徐州别驾。为躲避徐州战乱，他把家人送往

< 白居易

我爱河南

宿州符离安居。白居易得以在符离（今安徽符离集）度过了童年时光。这也使得白居易有幸与当时的"符离五子"（刘翕习、张仲远、张美退、贾握中、贾沅犀）相识结交。之后为躲避中原战乱，白居易转居到江南。白居易晚年长期居住在洛阳香山，故号"香山居士"。公元846年白居易去世于洛阳，葬于洛阳香山。他去世后，唐宣宗李忱写诗悼念他说："缀玉联珠六十年，谁教冥路作诗仙？浮云不系名居易，造化无为字乐天。童子解吟《长恨》曲，胡儿能唱《琵琶》篇。文章已满行人耳，一度思卿一怆然。"

　　白居易自幼聪颖，读书十分刻苦，读得口都生出了疮，手都磨出了茧，年纪轻轻的，头发全都白了。至今还有他出生七个月"略识之无"和初到长安"顾况戏白居易"等典故。他一生所作诗文很多，其中以讽喻诗最为有名，通俗易懂，被称为"老妪能解"。他的叙事诗《琵琶行》《长恨歌》《卖炭翁》等极为有名。其中的"千呼万唤始出来，犹抱琵琶半遮面"、"同是天涯沦落人，相逢何必曾相识"都是平时我们耳熟能详的名句。白居易的诗在当时流传广泛，上自宫廷，下至民间，处处皆是，白居易的诗对后来的文学发展影响很大。白居易的声名还远播朝鲜、日本。

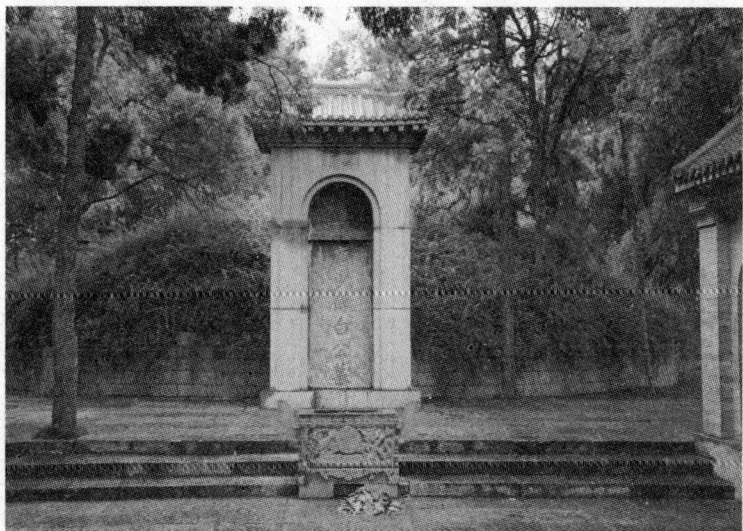

洛阳白居易墓 >

　　　　　　　　　　　　　　　　中原豪杰　俊采星驰

白居易是新乐府运动的倡导者，主张"文章合为时而著，歌诗合为事而作"，写下了不少感叹时世、反映人民疾苦的诗篇，对后世颇有影响，是我国文学史上相当重要的诗人。他还与元稹共同发起了"新乐府运动"，世称"元白"。

白居易著有《白氏长庆集》，共有七十一卷。他的主要作品有：《长恨歌》《琵琶行》《卖炭翁》《赋得古原草送别》《钱塘湖春行》《暮江吟》《忆江南》《大林寺桃花》《同李十一醉忆元九》《直中书省》《长相思》《题岳阳楼》《观刈麦》《宫词》《问刘十九》《买花》《自河南经乱关内阻饥兄弟离散各在一处因望》《放言》等。

第八节　吴道子

吴道子，是唐代第一大画家，被后世尊称为"画圣"，被民间画工尊为祖师。河南阳翟（今河南省禹州）人，大约生于唐高宗朝（约685年左右），卒于唐肃宗朝（约758年左右）。

吴道子年少时父亲去世，相传曾经跟从张旭、贺知章学习书法，没有什么成果，后来改成学习绘画，渐渐掌握了绘画的妙法。由于他的刻苦好学，年未弱冠之时，已"穷丹青之妙"。开元年间，他在漫游洛阳时，唐玄宗知道他的盛名，将吴道子召入宫中，让他教内宫子弟学习绘画，于是任命他为内教博士；后来又教唐玄宗的哥哥宁王学画，于是晋升为宁王友，从五品。道教中人称呼他为"吴道真君"、"吴真人"。苏东坡在《书吴道子画后》一文中说："诗至于杜子美（杜甫），文至于韩退之（韩愈），书至于颜鲁公（颜真卿），画至于吴道子，而古今之变，天下能事毕矣！"

吴道子像 >

　　吴道子擅长山水画，他的《金桥图》让人赞叹不已。他绘制的《嘉陵江山水三百里图》，在绘画技艺方面更是有所创新。唐人张彦远高度评价说："因写蜀道山水，始创山水之体，自为一家，其书迹似薛少保。"陈怀瓘也称赞"禽兽山水，台殿草木，皆神妙也，国朝第一"。

　　唐代佛教、道教都十分流行，宗教艺术也有长足的发展。因此，吴道了的佛画艺术有很高的成就。他在东、西两京寺观作壁画四十（一作四百）余间，而且"人相诡状，无一同者"。

中原豪杰　俊采星驰

∧《送子天王图》

　　吴道子的绘画具有独特风格。其山水画有变革之功，所画人物衣褶飘举，线条遒劲，人称莼菜条描，具有天衣飞扬、满壁风动的效果，被誉为"吴带当风"。他还于焦墨线条中，略施淡彩，世称吴装。作画线条简练，"笔才一二，象已应焉"，有疏体之称。吴道子的绘画对后世影响极大。苏轼曾称赞他的艺术为"出新意于法度之中，寄妙理于豪放之外"。吴道子绘画无真迹传世，传至今日的《送子天王图》可能为宋代摹本，另外还流传有《宝积宾伽罗佛像》、《道子墨宝》等摹本，莫高窟第103窟的《维摩经变图》，亦被认为是他的画风。

　　"画圣"的故事。

　　唐朝时，有个叫吴道子的人，少年失去父母，只好背井离乡，出外谋生。一天傍晚，吴道子路经河北定州城外时，突然发现前面有一座雄伟壮观的寺院"柏林寺"，便走了进去。吴道子迈进院内，他从大殿虚掩的门缝里，看见油灯下一位年迈的老和尚正在殿墙上聚精会神地画画。吴道子很好奇，悄悄推开门，轻轻地走了进去，站在老和尚身后看画画。老和尚一回头，发现一个十来岁的男孩这么出神看他画壁画，打心里欢喜，便问吴道子："孩子，你喜欢这幅画吗？"吴道子点了点头。老和尚知道了他的身世后，抚摸着他的头说："你要愿意学画，就做我的徒弟吧。"吴道子听了忙磕头拜师。

这天，老和尚把吴道子领到后殿，指着雪白的墙壁说："我想在这空壁上画一幅《江海奔腾图》，画了多次都不像真水实浪。明天我带你到各地江河湖海周游三年，回来再画它。"次日一大早，吴道子收拾好行李，就跟着老和尚出发了。走到哪里，老和尚都叫吴道子练习画水，开头他还认真，时间一长，吴道子就觉得有些腻烦了，画起来就不怎么用功了。老和尚把他叫到身边说："吴道子呀，要想把江河湖海奔腾的气势画出来，非下苦功不可，更要一个水珠、一朵浪花地画。"说罢，老和尚打开随身带的木箱，吴道子一瞅怔住了：这满满一箱画稿，没一张是完整的，上面全是一个小水珠、一朵浪花或一层水波！这时，吴道子才知道自己错了。从此，他每天早起晚归学画水珠浪花，风天雨天，也打着伞到海边观望水波浪涛的变化。

　　光阴似箭，一晃三年过去了。吴道子画水很有长进，得到师父的赞赏。万没料到，回寺的第二天，老和尚竟病倒在床了。吴道子跪在床前真诚地说："师父，我愿替您画那幅《江海奔腾图》。"老和尚见十五六岁的吴道子，竟说出这样有志气的话，心中大喜，病也好了一半，当下就答应了。于是，吴道子便走进后殿画起《江海奔腾图》来。整整九个月，他不出殿堂，吃喝睡全在里边，精心构思壁画。

　　深秋的一天，吴道子高兴地跑出后殿，跪在老和尚面前激动地说："师父，我已把《江海奔腾图》画出来了！请您去观看。"老和尚听后，病竟然全好了！他沐浴更衣，领着全寺院的和尚一同去后殿观赏。吴道子把后殿大门轻轻打开，只见波涛汹涌，迎面扑来！一位和尚大声惊呼道："不好啦，天河开口了！"众和尚吓得你挤我撞，争着逃命。老和尚心里有底，站在殿门口，看着扑面而来的浪花仰天大笑，冲着吴道子说："孩子，你画的这幅《江海奔腾图》成功啦！"从那以后，来柏林寺观赏临摹《江海奔腾图》的文人画师络绎不绝。

　　　　　　　　　　　　　　　　　　　　中原豪杰　俊采星驰

第九节　玄奘

玄奘，名陈祎，洛州缑氏县（今河南偃师市缑氏镇陈河村）人。唐代著名三藏法师，唐朝第一高僧。世称唐三藏，意谓其精于经、律、论三藏，熟知所有佛教圣典，法相宗之创始人。玄奘与鸠摩罗什、真谛并称为中国佛教三大翻译家，唯识宗的创始者之一。

玄奘的哥哥先出家于洛阳净土寺，法号长捷。玄奘自幼从兄诵习经典，亦娴儒道百家典籍。大业八年（公元 612 年），洛阳度僧时，大理卿郑善

＜玄奘

我爱河南

果见玄奘年纪虽小，但是对答出众，破格以沙弥身分录入僧籍。玄奘才和他的哥哥一起在净土寺修行。

至隋唐之际，天下大乱，玄奘和他的哥哥游历了陇、蜀、荆、赵诸地，拜见各地的长老，足迹遍布半个中国。在此期间玄奘曾跟随诸多名士学习圣典，因为慨叹各位大师的说法不一致，各种圣典的内容也不甚相同，心生疑虑，于是他决定到天竺去求取真经，以解答他心中的疑惑。

贞观三年，玄奘西行去天竺，孤身一人，历尽千难万险。他从今天新疆的北路，经过中亚地区、阿富汗而进入印度境内，沿途瞻礼圣迹，然后向南行，到达摩揭陀国。时为贞观五年，玄奘30岁，在那里的那烂陀寺学习修行，一共在那里学习了5年。其后，玄奘遍游五天竺，拜访各位名贤，向他们请教，寻求梵本。玄奘游学12年之后，回到那烂陀寺，讲授"摄大乘论"、"唯识抉择论"，同时融合了各种学说有力地驳斥了别人的观点，名震五天竺。

戒日王等听说了玄奘的声名之后，竞相礼谒。当时玄奘41岁，想要东行回国。戒日王于是在曲女城为玄奘举行了大法会，印度十八国王都来参加，大小乘僧及婆罗门等7000余人到场，这就是佛教史上著名的"曲女城辩论大会"。玄奘被邀请担任论主，他称扬大乘，提出辩论的题目是"真唯识量"颂，将题目悬挂在会场门外，经过整整18天，竟然没有一个人能发论难倒玄奘。戒日王对玄奘更加地崇重，十八国王也在大会结束之后归依为玄奘的弟子。大会结束后，玄奘决心回国，戒日王极力挽留没有成功，于是再次邀集十八国王在首都钵罗那迦城，开75日的无遮（布施）大会，为玄奘隆重饯行。

贞观十七年，玄奘正式东行，经过今天的新疆南路、于阗、楼兰而回国，往返共历17年，行程五万里。玄奘在贞观十九年正月回到长安，皇帝敕命梁国公房玄龄等文武百官盛大欢迎。玄奘西行印度求取佛经，带回佛经52筐，657部。玄奘回到长安后，组织僧人翻译他带回来的佛经，一共翻译出经、论75部，共计1335卷。他所翻译的佛经，大多是直接翻译，笔

∧河南玄奘寺

法严谨，丰富了中国古代的佛教文化，也为古印度佛教保存了珍贵典籍，世称"新译"。

玄奘回国后，得到唐太宗、唐高宗的钦重，供养在大内，赐号"三藏法师"。唐太宗曾经两次劝说他放弃佛教辅佐政事，他都以"愿守戒缁门，阐扬遗法"为借口坚决地拒绝了。于是唐太宗成全了玄奘的意志，在玄奘进行翻译佛经的工作时尽力给予帮助，建立了长安译经院，下诏翻译新经。

玄奘先后在弘福寺、大慈恩寺、玉华宫等处翻译新经，前后共计19年，一共翻译出经、论75部，共计1335卷。玄奘翻译出的主要经典有：大般若经600卷、瑜伽师地论100卷、大毗婆沙论200卷、俱舍论、成唯识论、摄大乘论等。玄奘著有《大唐西域记》十二卷，内容包括西域、印度、锡

兰等 138 个国家的历史、地理、宗教、神话传说、风土人情等。他亲自经历过的国家有 110 个，听闻的国家有 28 个国家。《大唐西域记》在佛教史学及古代西域、印度、中亚、南亚的历史地理和文化上，甚至是中西方交通研究史料上，都具有极高的价值。麟德元年，玄奘法师去世，追谥"大遍觉"之号，敕建塔于樊川北原。

近 30 多年来，玄奘大师的真身顶骨（一部分）一直珍藏在南京灵谷寺。南京灵谷寺的净然法师说，从保护文物的角度出发，真正的玄奘法师顶骨是不能轻易示人的，一般都秘藏在密室里，除非有重大的佛教活动和重要佛教友人来访，才会请出真正的玄奘法师顶骨，而一直在寺里的玄奘法师纪念堂展出的，是等同于真顶骨的影骨。

历代民间广泛流传玄奘西行取经的故事，如（元）吴昌龄《唐三藏西天取经》杂剧，（明）吴承恩《西游记》小说等，都是从玄奘的事迹衍生出来的。鲁迅先生曾高度赞扬玄奘"舍身求法"的精神，尊其是"中国的脊梁"。

第十节　赵匡胤

赵匡胤，祖籍河北涿州，居于河南洛阳夹马营，中国北宋王朝的建立者。赵匡胤的父亲先后在后唐、后晋、后汉三个王朝做军官。起初赵匡胤投奔后汉大将郭威，因为爱好武艺，得到了郭威的赏识。后来他又参与拥立郭威做后周的皇帝，被重用为典掌禁军。周世宗柴荣时，赵匡胤因为战功被升任殿前都点检（皇帝亲军的最高将领），掌握了后周的兵权，兼任宋州（今河南省商丘县南）归德军节度使，负责防守汴京。周世宗死后，他的儿子柴宗训继位，当时才七岁。赵匡胤和他的弟弟赵匡义的幕僚赵普密谋篡夺皇位。

公元960年正月，镇州（今河北省正定县）和定州（今河北省定州市）有人来汴京报告说，北汉和辽国的军队联合南下攻击后周。后周符太后和宰相范质、王溥等不辨真假，慌忙派赵匡胤统领大军北上御敌。军队行至陈桥驿（今河南省开封市东北四十里处）驻宿时，陈桥驿四周突然呼声大起。赵匡胤酒醉方醒，走出卧室，只见众将一个个手执武器，列队站在庭前，以赵匡义和赵普为首齐声说道："诸将无主，愿请点检做天子。"众将又不等赵匡胤回答，把准备好的黄袍披在他身上，然后一齐下拜，高呼"万岁"。这一件事，历史上称为"陈桥兵变"。

之后赵匡胤带领大军返回汴京。后周大臣韩通听说了兵变，慌忙从内廷飞奔回家，准备组织兵力对抗。走到半路，赵匡胤的部下就将他杀死。宰相范质、王溥在威胁下屈服。正月初五日下午，赵匡胤废去柴宗训，称帝，建国号为宋，定都汴京，史称北宋，建年号为"建隆"。

赵匡胤建立北宋后，天下割据势力林立，于是他对赵普说："我睡不着觉，因为卧床以外都是人家的地盘。"在赵普的帮助谋划下，赵匡胤首先击溃了后周残余势力李筠、李重进等的反抗，然后采取"先南后北"的统一中国的策略，先后攻灭了荆南、后蜀、南汉、南唐等割据政权，同时又加强了对北方契丹的防御。

为了加强中央集权，赵匡胤采取了许多措施。建隆二年（公元961年）七月初九晚上，宋太祖宴请禁军将领石守信等人。宴饮进行到一半，宋太祖说："要不是靠众将拥立，我不会有今日。但是，当了天子，日子也实在难受，还不如当节度使逍遥自在。如今我几乎没有一夜睡得安稳。"石守信等人问道："陛下如今贵为天子，还有什么忧虑？"宋太祖说："我这个位置，谁不想坐啊？"石守信等人听出话中有话，慌忙说："如今天命已定，谁还敢有二心？"太祖苦笑着说："你们虽然不会有二心，但是，

赵匡胤 >

中原豪杰　俊采星驰

∧ 杯酒释兵权

假如有朝一日部下将黄袍披到你们身上，你们即使不想做皇帝，恐怕也不行吧！"石守信等人一听，大惊失色，慌忙下跪拜叩，流着泪说："我们实在愚蠢，没有想到这一点，请陛下为我们指出一条生路。"赵匡胤说道："一个人的寿命，像白驹过隙那样短促。人生在世，不过是为了荣华富贵，享受安乐罢了。我为你们打算，不如交出兵权，去地方上当官，购置些良田美宅，为子孙后代留下份产业，自己也可以天天饮酒作乐。快活一辈子。我再与你们联姻。这样，在君臣之间就没有了猜疑，上下相安，岂不是很好吗？"石守信等人听了这一番恩威兼施的话，第二天就非常知趣地交出兵权，这就是历史上的"杯酒释兵权"。

不久，赵匡胤以同样的手段，剥夺了王彦超等节度使的兵权，又将地方上的行政权、财政权收归中央。这些措施，基本上结束了中国历史上多次出现的地方割据局面。赵匡胤还重视农业生产，注意兴修水利，减轻徭

役，促进了社会经济的发展。赵匡胤是一位有作为的帝王，但是他偏重"安内守外"，重文轻武，导致北宋日后"内重外轻"、"积贫积弱"的局面。

赵匡胤虽然是一员武将，却很喜爱读书，常常手不释卷。他跟从周世宗攻打江淮（今淮河流域）时，有人向周世宗告密说，他用几辆车运载自己的私物，其中都是财宝。周世宗派人去检查，车中却只有几千卷书籍。周世宗问他："你是武将，要书有什么用！"赵匡胤回答说："我没有好的计谋贡献给陛下，只能多读些书以增加自己的见识。"赵匡胤称帝后，也很尊重和重用读书人。有一次，他遇到一个疑难问题，问宰相赵普，赵普回答不出。再问读书人，学士陶毂、窦仪准确地回答出了，赵匡胤深有体会地说："宰相须用读书人！"对于读书不多的文臣武将，赵匡胤也总是鼓励他们要多读书，以弥补自己的不足，赵普正是在他的鼓励下才变得手不释卷的。赵匡胤用人不问资历。他一方面命令臣下要注意选拔有才能而缺少资历的人担当重任。另一方面，他自己也随时留心内外百官，见谁有什么长处和才能，他都暗暗地记在本子上。每当官位有空缺，他就翻阅本子，选用适当的人去担任。这又使臣下都致力于提高自己。

赵匡胤颇有胆略。在他称帝之初，节度使的势力很盛，骄横难制。有一天，赵匡胤将他们召来，授给他们每人一把佩剑，一副强弓，一匹骏马，然后他也单身上马，不带卫士，和这些节度使一起驰出皇宫。到了固子门的树林之中，又与他们一起下马饮酒。饮了几杯酒以后，赵匡胤突然对他们说："这里僻静无人，你们之中谁想当皇帝的，可以杀了我，然后去登基。"这些节度使都被他的这种气概镇住了，一个个拜伏在地，战栗不止，连称"不敢，不敢"。赵匡胤再三询问，他们吓得只是埋头不语。赵匡胤就训斥他们说："你们既然要我做天子，就应当各尽臣下的职责，今后不准再骄横不法，目无天子！"节度使们都三呼万岁，表示顺从。

赵匡胤在陈桥兵变后回师进入汴京皇宫时，见宫妃抱着一个婴儿，就问是谁的儿子。回答说是周世宗的儿子。当时，范质、赵普、潘美都在一旁，赵匡胤问他们怎么处理。赵普等回答说："应该除去，以免后患。"赵匡

< 烛影斧声

胤说："我接人之位，再要杀人之子，我不忍心。"就把这婴儿送给潘美抚养，以后也没再问起过，潘美也一直没有向太祖提起这婴儿。这婴儿成人后，取名惟吉，官至刺史。

赵匡胤喜欢在后园弹鸟雀。一次，一个臣子声称有紧急国事求见，赵匡胤马上接见了他。赵匡胤一看奏章，不过是很平常的小事，甚为生气，责问他为什么要说谎。臣子回答说："臣以为再小的事也比弹鸟雀要紧。"赵匡胤怒用斧子柄击他的嘴，打落了他的两颗牙齿。臣子没有叫痛，只是慢慢俯下身，拾起牙齿置于怀中。太祖怒问道："你拾起牙齿放好，是想去告我？"臣子回答说："臣无权告陛下，自有史官会将今天的事记载下来。"太祖一听，顿然气消，知道他是个忠臣，命令赐赏他，以示褒扬。

公元 976 年 10 月，太祖病倒，一切军政人事都委托赵匡义代理。赵

匡义白天处理朝政，晚上去万岁殿探望兄长。一天傍晚，天上下着大雪，赵匡义还在御房批阅奏章。一个太监急匆匆地赶来传旨，说皇上召他快快去万岁殿。他连忙赶去，只见赵匡胤在床上气喘急促，朝着他一时讲不出话来，只是睁大眼望着门外，不知是什么意思。赵匡义命令在床边侍候的太监退出。太监们在门外远处站着，只听见殿内似乎是太祖在和赵匡义说什么话，声音隐约，时断时续，难以听清。过了一会儿，又见殿内烛光摇曳着映在墙上，时明时暗，好像是赵匡义在躲闪着什么。接着有斧子戳地的声响，继而是赵匡胤激动的声音说："你好好去做！"这时，赵匡义跑到门口传呼太监即速去请皇后、皇子前来。皇后、皇子赶来之时，赵匡胤已经死去。据此，后人有种种猜疑，有的说赵匡义进殿后，趁太祖昏睡时去挑逗在旁陪侍的妃子费氏。太祖醒来，见状大怒，抛出斧子去击赵匡义，赵匡义闪开，斧子戳地；有的说太祖觉得有鬼缠身，赵匡义替他舞斧驱鬼，所以有斧子着地之声；有的认为是赵匡义谋杀太祖。至今这"烛影斧声"仍为千年疑案。

第十一节　岳飞

岳飞，生于河南省安阳市汤阴县，南宋军事家，中国历史上著名的民族英雄、抗金将领。

岳飞年少时习武，喜欢读兵书、《左传》。北宋末年，岳飞曾经从军抗辽。靖康元年（1126 年）冬，岳飞在相州城第三次投军，归刘浩军中。刘浩命岳飞招降吉倩，岳飞不负众望，招降吉倩及其部属 380 人。岳飞因此补承信郎一职。

靖康元年（1126年）十二月，康王赵构接到宋钦宗的蜡书，在相州开河北兵马大元帅府。赵构为河北兵马大元帅，陈亨伯为元帅，汪伯彦、宗泽为副元帅。元帅府下编前、后、中、左、右五军，其中前军统制为刘浩。岳飞属刘浩前军。按蜡书的命令，康王元帅府的任务是火速赶往东京（今开封），解京师之围。岳飞奉命带领三百铁骑，前往李固渡侦察，与金兵相遇发生战斗，大败金兵。跟随刘浩解了东京之围。

靖康二年（1127年）四月，金灭北宋，掳徽宗赵佶、钦宗赵桓及皇家宗室北归。五月，康王赵构（即宋高宗）于南京继位，史称南宋。初期，宋高宗主张收复失地，启用了大批主战将领，其中就有岳飞。岳飞坚决反对议和，主张抗战到底，收复失地。

建炎元年，赵构即位，岳飞上书，大意为："陛下已登大宝，社稷有主，已足伐敌之谋，而勤王之师日集，彼方谓吾素弱，宜乘其怠击之。黄潜善、汪伯彦辈不能承圣意恢复，奉车驾日益南，恐不足系中原之望。臣愿陛下乘敌穴未固，亲率六军北渡，则将士作气，中原可复。"宋高宗并未采纳岳飞的建议，并以越职为由将岳飞罢官。之后岳飞北上，入河北招讨使张所军中，借补"正八品修武郎"，充中军统领。张所很赏识岳飞，很快升岳飞为"从七品武经郎"、任统制。

建炎元年（1127年）九月，张所命岳飞入王渊部，北上抗金。岳飞作战有勇有谋，数败金兵，声威大振。而王彦保守怯战，使得岳飞只能孤军奋战，岳飞缺军粮时又不肯相助。岳飞知道自己与刘豫有隙，所以复归宗泽，为留守司统制。宗泽死后，杜充代之，岳飞官复原职。三年，杜充将还建康，岳飞进言："中原地尺寸不可弃，今一举足，此地非我有，他日欲复取之，非数十万众不可。"杜充不听，岳飞也只能随军而归。杜充守建康，金军与叛贼李成在乌江会合，杜充闭门不出。岳飞泣谏请视师，杜充不出。金军遂由马家渡渡江，杜充遣岳飞等迎战，诸将皆溃，唯独岳飞力战。后杜充降金，诸将多行剽掠，惟岳家军秋毫无所犯。兀术趋杭州，岳飞邀击至广德境中，六战皆捷，擒敌将王权，俘叛军首领

四十余。岳飞劝服王权，是指为己所用。岳家军驻扎在钟村，军中缺粮，将士们宁愿挨饿，也绝不扰民。伪齐士卒相谓曰："此岳爷爷军。"争来降附。

绍兴九年（1139 年），岳飞在鄂州（今湖北武昌）听说宋金和议将达成，立即上书表示反对，申言"金人不可信，和好不可恃"，并直接抨击了相国秦桧出谋划策、用心不良的投降活动，使"秦桧衔之（抱恨）"。和议达成后，高宗赵构下令大赦，对文武大臣大加爵赏。可是，诏书下了三次，岳飞都加以拒绝，不受开府仪同三司（一品官衔）的爵赏和 3500 户食邑的封赐。他在辞谢中，痛切地表示反对议和："今日之事，可危而不可安，可忧而不可贺。"后高宗对他好言相劝，岳飞方受。此后岳飞上表，"愿定谋于全胜，期收地于两河，唾手燕云，终欲复仇而报国。"高宗没有采纳。

绍兴十年（1140 年）五月，金国撕毁和议，兀术等分四路来攻。由于没有防备，宋军节节败退，城池相继失陷。随后高宗命韩世忠、张俊、岳飞等出师迎击。很快，在东、西两线均取得对金大胜，失地相继收回。岳飞挥兵从长江中游挺进，实施锐不可当的反击，他一直准备着的施展收复中原抱负的时机到来了。

岳家军进入中原后，受到中原人民的热烈欢迎。这年七月，岳飞亲率一支轻骑驻守河南郾城，和金兀术 1.5 万精骑发生激战。岳飞亲率将士，向敌阵突击，大破金军"铁浮图"和"拐子马"，把金兀术打得大败。岳飞部将杨再兴，单骑闯入敌阵，想活捉金兀术，可惜没有找到，误入小商河，被金兵射到几十处箭伤，英勇无比。岳家军将士具有"守死无去"的战斗作风，敌人以排山倒海之势，也不能把岳家军阵容摇动。郾城大捷后，岳飞乘胜向朱仙镇进军（离金军大本营汴京仅四十五里），金兀术集合了十万大军抵挡，又被岳飞打得落花流水。岳飞这次北伐中原，一口气收复了颍昌、蔡州、陈州、郑州、河南府、汝州等十余座州郡（中原之地基本被岳家军所收复。），并且消灭了金军有生力量，金军全军军心动摇，金兀术连夜准备从开封撤逃。南宋抗金斗争有了根本的转机，再向前跨出一步，沦陷十多年的中原，就有望收复了。岳飞兴奋地对大将们说："直抵黄龙府，与诸君痛饮尔！"而金军则发出了"撼山易，撼岳家军难"的哀叹。

就在抗金战争取得接连胜利的情况下，朝廷连下十二道金牌（红漆金字木牌），急令岳飞"措置班师"。在要么班师、要么丧师的不利形势下，岳飞明知这是权臣之阴谋，但为了保存抗金实力，不得不忍痛班师。岳飞愤慨地说："十年之功，废于一旦！所得诸郡，一朝全休！社稷江山，难以中兴！乾坤世界，无由再复！"岳飞的抗金战斗，至此被迫中断。岳家军班师时，久久渴望王师北定中原的父老兄弟，拦道恸哭。岳飞为了保护老百姓的生命财产，故意扬言明日渡河，吓得金兀术连夜弃城北窜，准备

∧ 汤阴岳飞庙

北渡黄河，使岳飞得以从容地组织河南大批人民群众南迁到襄汉一带，才撤离中原。这时，有一个无耻的书生，骑马追上金兀术扣马而谏："太子（兀术）毋走，京城可守也，岳少保兵且退矣。"金兀术又整军回到开封，不费吹灰之力，又占领了中原地区。

岳飞一回到临安，立即陷入秦桧、张俊等人布置的陷阱中。绍兴十一年（1141年），他遭诬告"谋反"，被关进了临安大理寺（原址在今杭州小车桥附近）。监察御史万俟卨亲自刑审、拷打，逼供岳飞。据说与此同时，宋金政府之间，正加紧策划第二次和议，双方都视抗战派为眼中钉，金兀术甚至凶相毕露地写信给秦桧："必杀岳飞而后可和。"在内外两股恶势力夹击下，岳飞正气凛然，光明正大，忠心报国。从他身上，秦桧一伙找不到任何反叛朝廷的证据，韩世忠当面质问秦桧，秦桧支吾其词"其事莫须有"。韩世忠当场驳斥："'莫须有'三字，何以服天下？"绍兴十一年农历除夕夜，高宗下令赐死岳飞于临安大理寺内，时年39岁。岳飞部将张宪、儿子岳云也被腰斩于市门。民族英雄岳飞，就在"莫须有"的罪名下，含冤而死。临死前，他在供状上写下"天日昭昭，天日昭昭"八个大字。

知识小百科

满江红　岳飞

怒发冲冠，凭栏处，潇潇雨歇。抬望眼，仰天长啸，壮怀激烈。三十功名尘与土，八千里路云和月。莫等闲，白了少年头，空悲切。

靖康耻，犹未雪；臣子恨，何时灭？驾长车，踏破贺兰山缺。壮志饥餐胡虏肉，笑谈渴饮匈奴血。待从头，收拾旧山河，朝天阙！

岳飞虽然被杀害了，但他的精忠报国的功绩是不可磨灭的。正是他表达了被侵略民族的要求，坚持崇高的民族气节，在处境危难的条件下，坚持了抗金的正义斗争，并知道爱护人民的抗金力量，联合抗金军民一道保住了南宋半壁河山，使南宋人民免遭金统治者的蹂躏，从而保住了高度发展的中国江南各省的封建经济和文化，并使之得以继续向前发展。岳飞不愧是我国历史上一位杰出的民族英雄，其一生中"还我河山"和"精忠报国"的爱国精神一直激励着后人。1162 年，宋孝宗时诏复官职，谥武穆，宁宗时追封为鄂王，改谥忠武（两宋文臣、武将得谥者以"忠武"最美），有《岳武穆集》传世。

第六章

河南的旅游胜地

　　洛阳，立河洛之间，居天下之中，既禀中原大地敦厚磅礴之气，也具南国水乡妩媚风流之质。开天辟地之后，三皇五帝以来，洛阳以其天地造化之大美，成为天人共羡之神都。她不仅是中国最早的政治首都，更是中华思想与文化的源头圣地，可谓中华民族历史的精神首都，是最早的中国，也是最本色的中国、最渊深的中国。

∧ 龙门石窟

第一节　中岳嵩山

　　嵩山属伏牛山系，主脉在登封境内，连绵六十多公里，嵩山中部以少林河为界，中为峻极峰，东为太室山，西为少室山，嵩山是其总名。古人以太室为嵩山主山，太室少有奇峰，东西起伏如眠龙，故有"华山如立，中岳如卧"的说法。两座高山层峦叠嶂，绵延起伏于黄河南岸。历代王侯、墨客骚人、僧道隐士，根据这些山峰的形态，给这些美丽的山峰命名，遂有七十二峰之说。

　　少室山，距太室山约10公里，御寨山上连天峰为嵩山之西峰，海拔1512米，为嵩山最高峰，主要建筑为少林寺。据说，禹王的第二个妻子，涂山氏之妹栖于此，人于山下建少姨庙敬之，故山名谓"少室"。少室山亦有三十六峰，山势陡峭峻拔，诸峰簇拥起伏，如旌旗环围，似剑戟罗列，颇为壮观。少室山山顶宽平如寨，分有上下两层，有四天门之险。据《河

河南的旅游胜地

南府志》载，金宣宗完颜列与元太祖成吉思汗交战时，宣宗被逼出京，曾退入少室山，在山顶屯兵，故称"御寨山"。御寨山西有水柜一处，人称"小饮马池"，水量能供万人食用。

嵩山地区是中华文明的发源地，历史悠久，是我国古代最早的政治、经济、文化中心之一，也是我国古代重要的政治、经济、文化中心之一。嵩山地区不仅风景优美，而且文化繁荣，这里道、佛、儒三教荟萃，三教中最早、最具影响力的典型代表，今天依然散发着迷人的魅力。太室山下的中岳庙，始建于秦朝，是嵩山道家的象征。太室山南麓的嵩阳书院，是嵩山儒家的象征，是中国古代四大书院之一。少室山中以少林武术闻名于天下的少林寺，是嵩山释家的象征。

中岳庙是道教胜地，历代名道士在此著书讲经。位于太室山东麓的黄盖峰下，始建于秦，原名"太室祠"。汉武帝时增修"太室祠"，北魏时改名为中岳庙。唐宋时多次扩建，规模宏大。明崇祯十七年毁于大火，清朝多次重修。今日中岳庙基本上保留了当时的宏伟规模，具有明清官式建筑规模格局和风格特点。

中岳庙占地十万平方米，庙院南北长650多米，东西宽160多米。青石板铺成的大通道是中岳庙古建筑群的中轴线，沿中轴线由南向北，由低而高，依次为中华门、遥参亭、天中阁、配天作镇坊、化三门、峻极门、

< 中岳庙

我爱河南

崇高峻极坊、中岳大殿、寝殿、御书楼，共十一进。天中阁后面的六角亭，配天作镇坊与崇圣门之间的六角亭，峻极门和化三门之间的四岳殿台基，大殿院的两座御碑亭和廊庑，寝殿院的廊房以及御书楼两端的东西顺山房，分别位于中轴线的两侧。庙的东西两路，还分别建有太尉宫、火神宫、祖师宫、小楼宫和龙王殿等独立成体的小院落。庙内有330株古柏，100余通石碑，及神鼎、铁人等众多文物。

嵩阳书院位于太室山南麓，原名为嵩阳寺，创建于北魏孝文帝太和八年（484年），初为佛教活动场所，僧徒多达数百人。隋炀帝大业年间（605—618年），更名为嵩阳观，改为道教活动场所。宋仁宗景祐二年（1035年），名为嵩阳书院，以后一直是历代名人讲授经典的教育场所。嵩阳书院是我国古代高等学府之一，它与湖南长沙的岳麓书院、江西庐山的白鹿洞书院、河南商丘的睢阳书院，并称我国古代的四大书院。明末书院毁于兵火，清代重修增建，鼎盛时期，学田1750多亩，生徒达数百人，藏书达2000多册。清代末年，废除科举制度，设立学堂，经历千余年的书院教育走完了它的历程。但是，书院作为中国古代教育史上一颗璀璨的明珠，永远载入史册。

嵩阳书院 >

河南的旅游胜地

嵩阳书院建筑基本保持了清代的建筑布局，南北长128米，东西宽78米，占地面积9984平方米。中轴建筑共分五进院落，由南向北，依次为大门，先圣殿，讲堂、道统祠和藏书楼，中轴线两侧配房相连，共有古建筑106间，多为硬山滚脊灰筒瓦房，古朴大方，雅致不俗，与中原地区众多的红墙绿瓦，雕梁画栋的寺庙建筑截然不同，具有浓厚的地方建筑特色。

　　少林寺位于嵩山少室山北麓五乳峰下，建于北魏太和十九年（495年）。据传，印度名僧菩提达摩禅师曾驻于此。唐初，少林寺十三棍僧救过秦王李世民，贞观年间（627—649年）重修少林寺，唐代以后僧徒在此讲经习武，禅宗和少林寺名扬天下，千年来少林僧人潜心研究佛法与武学，使得佛教文化在中国广为传播，影响日渐深远，少林武术更是中华武术的瑰宝，蜚声海内外。现在与少林寺题材相关的电影、电视剧经久不衰，反应了现代人对少林精神的喜爱。

　　少林寺现存建筑有山门、方丈室、达摩亭、白衣殿、千佛殿等，已毁的天王殿、大雄宝殿等已修复。千佛殿中有著名的明代"五百罗汉朝毗卢"壁画，壁画约300多平方米。塔林在少林寺西300米的山脚下，是自唐朝以来历代少林寺主持的墓地，1000多年来，已经建成250多座，是我国最大的塔林。塔的大小不等，形态各异，大多有雕刻和题记，反映了各个不同时期的建筑风格，是研究我国古代砖石建筑和雕刻艺术的宝库。

< 少林寺

我爱河南

石碑是嵩山分布较广的文物。

嵩山碑刻，作品多达 2000 余件，颜真卿、苏东坡、黄庭坚、米芾、蔡京等历代的大书法家，都在山上留有墨宝。

嵩山最大的碑刻为现存于嵩阳书院西南草坪上高达九米的《大唐嵩阳观纪圣德感应颂》。此碑为李林甫撰文，裴迥篆额，徐浩书；刻于唐天宝三年（744 年）二月，碑高 9 米，宽 2.04 米，厚 1.03 米。此碑由碑首、碑身和碑座组成，碑制宏伟，结构紧凑。碑首分三层，上层为双狮戏珠，不仅美观大方，而且起着平衡碑顶重心的作用，使碑身牢固稳当。碑首的中层比上、下层和碑身都要宽大，四面较碑身突出六十厘米，从上往下逐渐收缩，略带弧形，上面是祥云浮雕；碑首的第三层上下平直，正面中间篆刻额文，额文两边有双龙飞舞浮雕，两侧是麒麟浮雕。碑身刻《大唐嵩阳观纪圣德感应颂》，隶书 25 行，每行 53 字。碑阴刻有宋熙宁辛亥张瑰等名家题名，欧阳永叔和游人的题记则撰于碑的背面和两侧。碑座为长方形，四面刻有石雕，前后各三个，两侧各两个，共十个。每个内有一尊浮雕武士像，一手高举扬舞，一手抓住动物，有鱼，有蟾，有蛇，各像不一，但都鼓目凸腹，开档丁字步，或作对阵欲斗姿势。这座碑刻石质坚硬细腻，雕工极为精致，是我国唐碑的优秀代表作之一，也是现存最大的唐碑。

嵩山石刻 >

河南的旅游胜地

< 嵩山观星台

　　嵩山观星台，即登封观星台，大约建于 1276 年，设计者是元代著名科学家郭守敬。嵩山是中国古代天文学的摇篮。唐代僧人一行在会善寺编修了《大衍历》。当时像登封观星台这样的建筑在全国有 27 处，而历经数百年沧桑，登封观星台成为硕果仅存的一座。此观星台距今已有 700 余年历史，是我国现存最古老的天文台，也是世界上最著名的天文科学建筑物之一；它反映了我国古代科学家在天文学上的卓越成就，在世界天文史、建筑史上都有很高的价值，1961 年 3 月 4 日被国务院公布为第一批全国重点文物保护单位。

第二节　甲骨文之乡——安阳市

　　安阳位于河南省的最北部，地处山西、河北、河南三省交汇点，西倚巍峨险峻的太行山，东联一望无际的华北平原。面积 7413 平方千米，人口 542 万，现辖一市、四县、四区和一个国家级高新技术产业开发区。

我爱河南

148

安阳市 >

安阳是中国八大古都之一，国家历史文化名城，是甲骨文的故乡，《周易》的发源地，红旗渠精神诞生地。早在公元前 1300 多年，商王盘庚迁都于安阳殷都区小屯一带，历经八代、十二王、共 255 年之久，距今已有 3300 多年的历史。这里出土问世了中华民族最早使用的文字——甲骨文、世界上最大的青铜器——司母戊大方鼎。殷墟商代晚期都城遗址的发现与发掘，在"中国 20 世纪 100 项考古发现"评选中名居榜首。著名历史学家郭沫若曾留下"洹水安阳名不虚，三千年前是帝都"的著名诗句。历史上著名的文王演易、妇好请缨、苏秦拜相、西门豹治邺、岳母刺字等重大事件都曾经发生在这里。毛泽东曾亲临岳飞故里汤阴，并视察殷墟和安阳老城；江泽民和胡锦涛等也先后视察过安阳，并对古都安阳的建设与发展寄予了厚望。

安阳旅游资源丰富，宾馆业、餐饮业、商业等旅游服务设施齐全。现有殷墟博物苑、岳飞庙、天宁寺塔、修定寺塔、明福寺塔、小南海石窟、羑里城和灵泉寺石窟国家级文物保护单位 8 处，全国爱国教育基地 2 处，省级文物保护单位 38 处。位于安阳汤阴县的岳飞庙，历来是岳飞后裔寻根朝敬的圣地，各地游客不远千里来此凭吊英灵，接受爱国主义教育。红旗渠是举世闻名的"人工天河"，被国际友人誉为"世界第八大奇迹"。林虑山国际跳伞滑翔基地，因其鬼斧神工的天然地势，每年都吸引国内外

河南的旅游胜地

<红旗渠

大批游客和体育健儿来此观光、比赛。新近发现的太行大峡谷、五龙洞原始森林风景秀丽、独具特色，令中外游客流连忘返。安阳民风淳朴、热情，习俗颇富古趣，有背阁、抬阁，高跷、旱船、龙灯等众多享誉全国的民间艺术绝技，有道口烧鸡、老庙牛肉等品种丰富的地方小吃和特色食品。

安阳资源充足，有丰富的农副产品资源和矿产资源。东部平原是全国优质粮油棉生产基地，被誉为"豫北粮仓"。素有枣乡之称的内黄县红枣，面积和产量均为全国之冠，去年举办的"枣乡文化节"吸引了众多的游客和投资者前来观光和洽谈。安阳年产原煤283万吨，天然气年输气量1亿立方米，供水量42万立方米。西部矿区煤炭、铁矿石、石灰岩、大理石等资源有丰富的储量。

第三节　三商之源、华商之都——商丘市

享誉海内外的三商之源、华商之都商丘市，是经国务院批准的中国历史文化名城，东与江苏省相望、北与山东省接壤、南与安徽省相连，为中

我爱河南

商丘地标："商"字雕塑 >

国东引西进、通达南北的桥头堡，亚欧大陆桥中国段六大中心城市之一、中原经济区东部中心城市及对外开放前沿城市，豫鲁苏皖接合部特大城市。

商丘为六朝古都：帝喾高辛之都、夏朝少康中兴之都、商朝开国之都、周朝宋国之都、汉朝梁国之都、南宋开国之都。商丘是中国夏、商朝最早建都的城市，有5000余年的建城史、1500余年的建都史，是炎黄、燧人氏、神农氏等三皇五帝的建都地。约在公元前24世纪，颛顼建都于商丘。帝喾之子契（xiè）佐禹治水有功封于商（今商丘），为商族人的始祖。约公元前16世纪，契的14世孙成汤，灭夏称商，初都亳（今商丘），商丘为商朝的第一个建都地，并先后六次在商丘建都。约公元前11世纪，周成王三年，周公平定武庚叛乱后，成王封殷商后裔微子启于商丘，称宋国，商丘为宋国国都。西汉商丘为汉代最强盛的诸侯国梁国的国都。北宋时期，商丘为南京，位居陪都，靖康二年（1127年）五月，赵构在应天府南京（今商丘）即位，商丘成为南宋的开国都城。

河南的旅游胜地

商丘有三皇之首燧人氏燧皇陵，有三皇之一炎帝神农氏朱襄陵，有五帝之一帝喾高辛氏帝喾陵，有华夏音乐始祖葛天氏陵，有华夏造字鼻祖仓颉墓，有世界最早的天文台火神台，有先商主题博物馆中国商文化博物馆，有商朝主题纪念地华商文化广场，有商朝名相伊尹墓，有宋氏始祖微子祠，有宋、戴、牛等九大姓氏祖陵三陵台，有宋国国都遗址宋国故城，有春秋五霸葵丘会盟台，有春秋宋国楚国争霸的泓水之战遗址，有孔子回宋国老家祭祖省墓的孔子还乡祠，有孔子讲学论道的文雅台，有孔子讲学途中避雨的孔子避雨处，有道家大师庄子陵园，有汉高祖刘邦斩蛇碑，有西汉梁国皇家园林梁园七台八景，有闻名中外的西汉梁孝王芒砀山汉墓群，有南朝才子江淹墓，有巾帼英雄木兰祠，有中国历史上第一位农民起义领袖陈胜墓，有隋唐大运河睢阳码头遗址，有颜真卿书法神品八关斋，有诗仙李白爱情悲剧的青陵台，有史上最负盛名的谏臣魏征墓，有大唐忠烈张巡祠，有赵匡胤避暑的拴马树，有北宋全国四大书院之首的应天书院，有中原四大名寺之一的白云寺，有中国保存最为完整的古城商丘古城，有中原现存规模最大的文庙建筑归德府文庙，有明末清初著名文学家侯方域故居壮悔堂，有侯方域爱妻李香君的翡翠楼，有道教胜地大司马袁可立的别墅建筑

< 商丘古城

我爱河南

群袁家山，有归德府城内富商穆氏家族穆氏四合院，有佛教胜地小南海，有明清黄河故道"水上长城"，有淮海战役总前委司令部，有中原二月会议会址，有西式圣保罗医院，有洋式西班牙教堂，有毛主席视察黄楼纪念馆等等。

商丘古城即明清时期归德府城，现存地上古城始建于明朝正德六年（1511年），距今已有500年的历史，是中国保存最为完好的古城，1986年，被国务院命名为中国历史文化名城。商丘古城由砖城、城湖、城廓三部分构成，城墙、城廓、城湖三位一体、外圆内方，成一巨大的古钱币造型，有商丘作为华夏之邦商业、商品、商文化发源地之隐喻。商丘古城是目前世界上现存的唯一一座集八卦城、水中城、城上城的大型古城遗址。

商丘文化灿烂，轶闻趣事丰富多彩。这里有"相思树"的悲剧，有"月下老人"的喜剧；有"闹龙街"的幽默，有"葫芦诗"的戏谑；有"桃花扇"的凄美爱情故事；有"高祖斩蛇"的威武神勇传说，有吕洞宾保佑袁可立驱赶倭寇的神话，可谓包罗万象，不胜枚举。商丘是许多美丽故事传说的发源地：相思鸟吟唱千年一曲、大小乔醉曹千口一传、花木兰忠贞千古一人、月老人牵情千里一线、李太白娶妻千金一璧、李香君贞烈千古一扇，"庄周梦蝶"、"守株待兔"、"拔苗助长"、"朝三暮四"等成语的发源地均在商丘。

应天府书院，即应天书院、睢阳书院，其前身为南都学舍，为五代后晋时的商丘人杨悫创办，位于河南省商丘市睢阳区，商丘古城南湖畔，为中国古代著名的四大书院之一。北宋大中祥符二年（1009年），宋真宗正式赐额为应天书院，宋仁宗景祐元年（1034年），应天书院改为府学，为应天府书院，庆历三年（1043年）改为南京（北宋陪都，今河南商丘）国子监，为北宋最高学府。北宋初书院多设于山林胜地，唯应天书院设于繁华闹市，人才辈出。随着晏殊、范仲淹等的加入，应天书院逐渐发展为北宋最具影响力的书院，位居北宋四大书院（河南商丘应天书院、江西庐山白鹿洞书院、湖南长沙岳麓书院、河南嵩山嵩阳书院）之首。

第四节　中原都会——郑州市

　　郑州，河南省省会，地处中华腹地，九州之中，中国建城区面积和建城区人口第十三大城市。全市总面积 7446.2 平方公里，人口 862.65 万人。是中国历史文化名城、中国八大古都之一、中国优秀旅游城市、国家园林城市、国家卫生城市，中华人文始祖轩辕黄帝故里，商朝都邑，今河南省

∧ 现代都市郑州

政治、经济、教育、科研、文化中心。中国中部地区重要的中心城市和国家重要的综合交通枢纽。

郑州文物资源众多，有古城、古文化、古墓葬、古建筑、古关隘和古战场在内的遗址遗迹达 1 万余处，国家级重点文物保护单位共 38 处 43 项，省级重点文物保护单位 128 处。属于世界文化遗产的，共 8 处 11 项：观星台（最早的天文建筑）、中岳庙（最大的道教建筑群）、东汉三阙（太室阙、启母阙、少室阙）、会善寺、嵩阳书院（宋代四大书院之一）、嵩岳寺塔、少林寺建筑（少林寺常住院、塔林、初祖庵）。

郑州历史上五次为都、八代为州。世界文化遗产登封"天地之中"历史建筑群、商城遗址等历史名胜古迹闻名海内。考古人员于 1995 年在郑州北郊邙岭余脉发现的西山古城遗址把郑州地区城市出现时间提前到距今约 5300 年的仰韶文化晚期，被视为中国城市文明的源头。

郑州地处国家地理中心，是中国中部地区重要的中心城市和国家重要的综合交通枢纽之一。国家级战略"中原经济区"的中心城市。

郑州城市道路交通 >

河南的旅游胜地

清末朝廷大臣盛宣怀勘察芦汉铁路时，将郑州站辟为甲等火车站，直接影响了郑州近现代的发展进程。如今拥有亚洲最大的列车编组站郑州北站和中国最大的零担货物转运站郑州东站。未来郑州将成为全国普通铁路和高速铁路网中唯一的"双十字"中心，形成以郑州为中心的中原城市群"半小时经济圈"和全国"三小时经济圈"。以郑州新郑国际机场为中心，一个半小时航程内覆盖全国 2/3 的主要城市、3/5 的人口。

郑州是国家服务业综合改革试点城市，现代物流、会展、文化旅游、服务外包等现代服务业发展迅速，是中部地区最大的物资集散地。其中郑州商品交易所是三大全国性商品交易所之一，我国第一家期货市场。郑州新郑综合保税区是中部地区第一家综合保税区。郑州有汽车、装备制造、煤电铝、食品、纺织服装、电子信息等六大优势产业。氧化铝产量占全国总产量 50%，冷冻食品占全国市场份额的 40% 以上，拥有亚洲最大、最先进的大中型客车生产企业。

第五节　国色天香洛阳城

这是一座在世界上唯一能号称国色天香的古都。5000 年文明史，4000 余年建城史，1529 年建都史，是我国建都时间最长的古都。使其成为兼具自然之美、人文之美、思想之美、城市之美的都会，是人类最早的"山水城市"、"园林城市"。美国城市规划学家西蒙兹教授称：这里是人类"古代最佳人居环境城市"。洛阳，这座承载过十三朝文明的古都，曾经是光耀万丈的世界焦点，现在正驰骋于王者归来的征途。

洛阳城 >

　　洛阳，立河洛之间，居天下之中，既禀中原大地敦厚磅礴之气，也具南国水乡妩媚风流之质。开天辟地之后，三皇五帝以来，洛阳以其天地造化之大美，成为天人共羡之神都。她不仅是中国最早的政治首都，更是中华思想与文化的源头圣地，可谓中华民族历史的精神首都，是最早的中国，也是最本色的中国、最渊深的中国。

　　洛阳城，北据邙山，南望伊阙，左瀍右涧，洛水贯其中，东据虎牢，西控函谷，四周群山环绕、雄关林立，因而有"八关都邑"、"山河拱戴，形势甲于天下"之称；而且雄踞"天下之中"，东压江淮，西挟关陇，北通幽燕，南系荆襄，人称"八方辐辏"、"九州腹地"、"十省通衢"。另有传说洛阳是中华大地的龙脉集结之所，所以历朝历代均为诸侯群雄逐鹿中原的皇者必争之地，成为历史上最重要的政治、经济、文化中心。

　　洛阳共经历 22 个建都朝代，是中国建都最早、朝代最多、历史最长的都城，影响力最大的都城，累计建都史达 1500 年以上。同时，洛阳也有"九朝古都"之说，因乾隆帝御封嵩阳书院大门对联中的"九朝都会"而得名，同时在中国传统文化中，"九"也有虚指"多"、"最多"之意，洛阳在历史上曾长期作为我国的政治、经济、文化中心而存在，历代帝王贵胄、文人骚客等均对洛阳的都城地位有着极高评价。周公曰"此天下之中，四方入贡，道里均焉"；汉高祖曰"吾行天下多矣，唯见洛阳"；汉班固曰"光汉京于诸夏，总八方而为之极"；北魏孝文帝曰"崤函帝宅，河洛王里"；唐太宗曰"崤函称地险，襟带壮两京"；唐玄宗曰"三秦九洛，咸曰帝京"；韦应物说"雄都定鼎地，势据万国尊"；宋太祖曰"吾欲迁洛，以据山河之险而去冗兵，循周汉故事以安天下也"；司马光曰"欲知古今兴废事，请君只看洛阳城"……

洛阳是中华文化的读本和华夏文化从萌芽、成长走向繁荣、壮大的中心和象征。史学考证知，文明首萌于此，道学肇始于此，儒学渊源于此，经学兴盛于此，佛学首传于此，玄学形成于此，理学寻源于此。洛阳是中华姓氏主根、闽南、客家之根。中华民族最早的历史文献"河图洛书"出自洛阳。被奉为"人文之祖"的伏羲氏，根据河图和洛书画成了八卦和九畴。从此，汤、武定九鼎于河洛，周公"制礼作乐"，老子著述文章，孔子入周问礼，洛阳历代科学泰斗、学术流派、鸿生巨儒、翰墨精英，更是照耀史册，灿若繁星。著名的"建安七子"、"竹林七贤"，"金谷二十四友"等云集此地，谱写华彩篇章，左思一篇《三都赋》，曾使"洛阳纸贵"，"洛阳才子"，"汉魏文章半洛阳"。张衡发明地动仪，蔡伦造纸，马钧发明翻车……以洛阳为中心的河洛文化和河洛文明，是中华民族文化的核心和源头，构成了华夏文明的重要组成部分。

"天下名园重洛阳"，"洛阳牡丹甲天下"，牡丹是我国传统名花，花蕾硕大，色泽艳丽，国色天香，自古就有富贵吉祥、繁荣昌盛的寓意，代表着中华民族泱泱大国之风范。牡丹从隋代落户洛阳西苑后，地脉适宜，开得缤纷美丽、艳冠天下。唐代洛阳是东都，武则天当皇帝时就在洛阳登基，并一直在洛阳主持政务。"自唐则天后，洛阳牡丹始盛。"（宋·欧阳修《洛阳牡丹记》）。从武则天时期到开元年间（690—741年），还有唐贞元、

<洛阳牡丹甲天下 >

元和年间（785—820 年），是中国牡丹史上一个黄金时代，奠定了中国牡丹发展和牡丹文化兴盛的坚实基础。

龙门石窟是中国石刻艺术宝库之一，位于河南省洛阳市南郊伊河两岸的龙门山与香山上。开凿于北魏孝文帝迁都洛阳之际，之后历经东魏、西魏、北齐、隋、唐、五代的营造，南北长达 1 公里，至今存有窟龛 2345 个，

河南的旅游胜地

造像 10 万余尊，碑刻题记 2800 余品，其中"龙门二十品"是书法魏碑精华，褚遂良所书的"伊阙佛龛之碑"则是初唐楷书艺术的典范。龙门石窟延续时间长，跨越朝代多，以大量的实物形象和文字资料从不同侧面反映了中国古代政治、经济、宗教、文化等许多领域的发展变化，对中国石窟艺术的创新与发展做出了重大贡献。2000 年龙门石窟入选世界文化遗产。

第六节　大宋故都——开封市

　　开封古称东京（亦有汴梁、汴京之称），简称汴，位于河南省东部，在中国版图上处于豫东大平原的中心位置。

　　开封是中国八大古都之一，文物遗存丰富，城市格局形成较早，古城风貌浓郁，北方水城独特，集中体现了古城悠久的历史传统与丰富的文化内涵。1982 年开封被国务院列为国家历史文化名城。在历史上，开封凭借河湖纵横、灌溉发达、气候温和、交通便利的有利条件，是中国最早开发的地区，其城垣宏大，文化灿烂，古人曾有"琪树明霞五凤楼，夷门自古帝王州"的诗句。特别是北宋时期，开封作为都城东京，是中国政治、经济、军事、科技与文化中心，也是当时世界上最繁华的大都市。其建设规划思想独特，宏大的城垣分外城、内城、皇城，三重城郭，三条护城河。城内交通水陆兼容，畅通无阻。在布局上、打破了封闭性的坊里制，代之以相对开放的街道形式，实行坊市合一，扩大市民阶层，使其人口达到 150 余万。

　　开封是中华民族的主要发祥地之一，迄今已有 3000 多年的历史。夏朝曾在开封一带建都 157 年，称老丘。商朝在开封一带建都 27 年，称嚣。后均废。春秋时期，郑庄公在此修筑储粮仓城，定名为"启封"，取"启

拓封疆"之义，后避汉景帝刘启之讳改名为开封。战国时期的魏，五代时期的后梁、后晋、后汉、后周，北宋和金均定都于此，素有"七朝都会"之称。尤其是北宋时期，从陈桥兵变到南宋偏安，历经九帝168年，"人口逾百万，货物集南北"，是当时全国的政治、经济、文化中心，也是国际性的大都会。北宋画家张择端的《清明上河图》和孟元老的《东京梦华录》，都生动地描绘了古都开封豪华盖世的繁荣景象。

悠久的历史和灿烂的古代文化给开封留下了众多的文物古迹和风景名胜。现在全市各级文物保护单位184处，其中，国家级5处，省级17处，市级26处，县级136处。在这里，千年铁塔、繁塔巍然耸立，在宋、金故宫遗址上建造的龙亭雄伟壮观，明朝修筑的城墙古迹斑斑，道教建筑延庆观风格别致，开封最古老的名胜古吹台古朴典雅，以雕刻艺术著称的山陕甘会馆玲珑剔透，还有著名的中原古刹相国寺宏丽华美。迎宾大道两侧的包公湖犹如四块巨大的碧玉镶嵌在古城，令人赏心悦目。开封市致力于

开封府 >

　　　　　　　　　　　　　　　　　河南的旅游胜地

发展旅游事业，重修和新建了许多历史人文景观，如"清明上河园"、"包公祠"、"宋都御街"、"天波杨府"、"翰园碑林"，一年一度的菊花花会等等。众多的名胜古迹，得天独厚的历史、人文资源，誉满中外的民俗文化，每年都吸引着大量的中外游客到开封参观、游览。如今，开封已被国家旅游局列为中原旅游区重点观光游览城市。

开封比较著名的风景名胜区较多，特意挑选其中有意义的景区做简单介绍。

开封府历史悠久，名扬中外，为北宋时期"天下首府"，规模庞大，气势宏伟。许多历史名人如寇准、范仲淹、包拯、欧阳修等都曾任"开封府"尹。特别是包拯任开封府尹时，铁面无私，执法如山，包龙图扶正祛邪、刚直不阿、美名传于古今。一曲"包龙图打坐在开封府"，令人荡气回肠，引起几多瑕思神往，被后世百姓所称道。许多人不惜跋山涉水，专程到开封拜谒包公，寻访"开封府"。

清明上河园位于河南省开封城西北隅，东与龙亭风景区毗邻，是以宋代张择端的名作《清明上河图》为蓝本，集中再现原图风物景观的大型宋

< 清明上河园

我爱河南

代民俗风情游乐园。清明上河园占地面积510亩，为国家级黄河旅游专线重点配套工程.主要建筑有城门楼、虹桥、街景、店铺、河道、码头、船坊等。园区按《清明上河图》的原始布局，集中展现宋代诸如酒楼、茶肆、当铺、汴绣、官瓷、年画等现场制作；荟集民间游艺、杂耍、盘鼓表演；神课算命、博彩、斗鸡、斗狗等京都风情。园区根据宋代历史故事表演"文包武杨"及宋代婚礼习俗等节目，游人亦可换作宋装，手持宋币，尽情感受古人生活习俗。新开业的清明上河园二期工程，反映了皇家园林建筑的宏伟，园中还建有大型宋代游乐场所，使游客玩耍。开封市在该园巨资打造的大型水上实景演出《大宋·东京梦华》，极度华丽的视觉场景更是深深吸引着中外游客。

大相国寺位于开封市中心，是中国著名的佛教寺院，始建于北齐天保六年（555年）。传说中，原为战国魏公子无忌——信陵君的宅院，后寺院毁于战火，唐景云二年（711年）重建。该寺历史悠久，是我国汉传佛教十大名寺之一，在中国佛教史上有着重要的地位和广泛的影响。相国寺原名建国寺，唐代延和元年（712年），唐睿宗因纪念其由相王

大相国寺 >

河南的旅游胜地

登上皇位，赐名大相国寺。北宋时期，相国寺深得皇家尊崇，多次扩建，占地达500余亩，辖64个禅、律院，养僧千余人，是京城最大的寺院和全国佛教活动中心。《水浒传》描写的鲁智深倒拔垂杨柳的故事，就发生在其所辖之地。后因战乱水患而损毁。清康熙十年（1671年）重修。目前寺中保存有天王殿、大雄宝殿、八角琉璃殿、藏经楼、千手千眼佛等殿宇古迹。1992年8月恢复佛事活动，复建钟、鼓楼等建筑。整座寺院布局严谨，巍峨壮观。

开封铁塔公园位于中国河南省开封市城区的东北隅，是以现存的铁塔（开宝寺）而命名的名胜古迹公园，占地面积51.24公顷，是中国100家

< 开封铁塔

我爱河南

汴绣

刺绣，在我国起源较早，北宋时开封刺绣工艺已发展到相当高的水平。开封云集各地的巧匠绣工，官办的有文绣院，民间的有秀巷。当时大街小巷皆是锦绣之衣，绣额珠帘，巧制新装，竞夸华丽。汴绣即在此传统基础上发展起来。近些年开封的汴绣独树一帜，山水人物、楼台花鸟，针线细密，不露边缝，绒彩夺目，丰神宛然，色彩丰富，层次分明，立体感强，成为国内外游人必买的佳品。

园林名园之一。铁塔位于铁塔公园的东半部，是园内重要的文物，也是主要的景点，建于公元 1049 年，是 1961 年我国首批公布的国家重点保护文物之一，素有"天下第一塔"的美称。铁塔高 55.88 米，八角十三层，因此地曾为开宝寺，有称"开宝寺塔"，又因遍体通砌褐色琉璃砖，混似铁铸，从元代起民间称其为"铁塔"。铁塔以卓绝的建筑艺术及宏伟秀丽的身姿而驰名中外，它设计精巧，完全采用了中国传统的木式结构形式，塔砖饰以飞天、麒麟等数十种图案，砖与砖之间如同斧凿，有沟有槽，垒砌严密合缝。铁塔建成九百多年来，历经战火、水患、地震等灾害，至今巍然屹立，实为建筑专家和游人叹为观止。公园内的接引殿于 1989 年修建，仿汉白玉砌成，系三门牌楼式仿宋建筑，宽 70 米，高 12 米，大门左右墙壁上，对称镶嵌着 8 块庄严、肃穆、圣洁青石神佛坐像。1986 年为供奉北宋文物"接引佛"而建。该殿为重檐歇山式建筑，殿前，石狮雄踞，鼎香缭绕；殿周，24 根大柱抱殿而矗；大殿台基，青石栏杆拦护，妙趣横生的 96 只小狮子环绕排开。

第七节　千年玉都——南阳市

南阳位于河南省西南部，与湖北省、陕西接壤，有"南都""南乡"之称，因地处伏牛山以南、汉水之北而得名。

南阳市是河南省次中心城市，豫西南政治、经济、文化、教育、科技、物流、交通中心，是中原经济区主体区和连南启西的重要支点。南阳是国务院第二批公布的历史文化名城，是中国首批对外开放的历史文化名城之一，是全国楚文化与汉文化最集中的旅游区之一，也是中部地区重要的旅游胜地之一。卧龙岗三国文化旅游集聚区、伏牛山世界地质公园、南水北调中线渠首丹江口水库，和桐柏淮源国家风景名胜区是南阳四大重点旅游景区景点。

南阳玉，素有"东方翡翠"之称，故南阳被称之为"千年玉都"。南阳是医圣张仲景故里，这里有丰富的中草药资源，故被称之为"中华药都"。

< 南阳独山玉雕摆件

我爱河南

南阳玉雕历史悠久，闻名中外。南阳独山出产中国四大名玉之独山玉。独山玉玉质坚韧微密，细腻柔润，色泽斑驳陆离，有六种色素，77个色彩类型，是工艺美术雕件的重要玉石原料。独山玉雕，历史悠久，考古推算，在5000余年前先民们已认识和使用了独山玉。旧中国，南阳玉雕已形成一大行业，城内有作坊80余家。

南阳历史悠久，山川秀丽，拥有众多具有深厚文化底蕴的人文景观和引人入胜的自然景观。南阳是中国首批对外开放的历史文化名城，现有国家级重点文物保护单位8处，省级64处，不同专题的博物院馆14处。其中南阳府衙、内乡县衙是中国封建社会官衙建筑中保存最为完好的两级衙门。

南阳境内发现的大面积恐龙蛋化石群轰动世界，淅川县境内楚始都丹阳春秋墓群出土的稀世珍宝闻名遐迩，被誉为"中国长城之父"的楚长城遗址引人关注。现有国家级自然保护区2处，国家森林公园1处，省级自然保护区1处。其中宝天曼和老界岭国家自然保护区地貌独特，植被良好，风景如画；2001年宝天曼被列入世界人与自然生物圈保护区；淅川县境内丹江口水库风景区，以亚洲第一大水库和南水北调的渠首源头为世人关注；正在兴建的西峡恐龙蛋生物遗迹博物馆，将成为不可多得的科普教育基地。内乡县衙、鹳河漂流跻身4A级景点行列，伏牛山世界地质公园通过国家评审，叶家大庄桐柏英雄纪念馆，列入全国百家红色旅游经典景区。

距南召县云阳镇北3公里处的杏花山"南召猿人"遗址，是中原人类的发祥之地。1978年，科学工作者在此采集一颗猿人牙齿化石，及大量第四纪哺乳动物化石，经中国科学院古脊椎动物与古人类研究所专家鉴定，定名为"南召猿人"，为距今约50万年前更新世中期的古人类遗址，与北京周口店猿人的时代大体相当。南召猿人的化石地点，是国内发现的重要的古人类遗址，它填补了中原地区旧石器文化的历史空白，扩大了猿人在秦岭地区的分布范围，为进一步研究人类起源和发展提供了新的材料。

此外，河南省重点旅游项目之一，总投资 4.5 亿元，占地 1200 余亩，总建筑面积 8.6 万平方米，水域面积 19 万平方米的莲花温泉水城将于 2013 年十一完全建成开放，现已投入市场。

第八节　中国茶都——信阳市

　　大别长淮，豫风楚韵，鱼米之乡，闽台祖地，革命圣地，中国茶都。

　　信阳是华夏文明最重要的发祥地之一。早在 8000 多年前，境内淮河两岸就出现了相当规模的原始农业，从东到西分布有裴李岗文化、龙山文化和屈家岭文化遗址多处。西周时期，信阳分别是弦、黄、蒋、息、蓼、番、申等诸侯国的国都、封地，战国时期曾为楚国的别都（遗址在今信阳平桥区）。三国及东晋末分别为弋阳郡、义阳郡的郡治所在地，唐代为申州、光州之州治。盛唐时期，信阳是中央王朝重要的粮食、兵源和财源基地，北宋初年改称信阳州，一直延用至今。明清时期，信阳的经济、文化已经相当优越，粮食充裕、商业繁荣、名士荟萃，且人文底蕴浓厚，进士、举子辈出。民国时期，信阳（汝阳道治）辖豫南四市大部分地区，为河南省四大城市之一。

　　信阳在历经春秋、战国之后，中原文化与楚文化在此交融共生，形成了厚重豪放、细腻浪漫的豫风楚韵，酿就了信阳独具特色的淮上文化风情。孔子周游列国终点、子路问津、司马光砸缸、亡羊补牢的故事都发生在这里。在中国第一颗人造卫星上播放的乐曲《东方红》，就是由信阳长台关出土的楚国编钟演奏的。

信阳是中华姓氏之根，汉姓100大姓中，黄、赖、罗、蒋等13个姓氏都源于此（如黄姓起源于潢川、罗姓起源于罗山、赖姓起源于息县、蒋姓起源于淮滨，陈姓、王姓、潘姓、孙姓、沈姓均起源于固始）。信阳地处江淮之间，是历代中原人南迁的始发地和集散地，唐朝时期光州固始籍将军陈元光率乡勇南下闽粤平定蛮苗叛乱，于当地厉行法治、开垦荒地、兴修水利，之后从家乡派遣大量百姓南下定居，故信阳享有"中原第一侨乡"之美称。

信阳市位于河南省南部，东邻安徽，南接湖北，三省通衢，是江淮河汉间的战略要地，豫南经济、文化、教育、物流中心，也是鄂豫皖区域性中心城市。信阳气候宜人，植被茂密，山水秀丽，素有"江南北国、北国江南"之美誉，是中国最显著的南北分界的标志地。信阳境内有中国四大避暑胜地之一的鸡公山、水域比西湖大70多倍的风景名胜区——南湾湖、朱元璋敕封"皇庙"，全国独一无二僧尼同寺的灵山寺、民国时期与少林寺齐名的贤隐寺、天然温泉疗养胜地的汤泉池、鄂豫皖苏区首府革命博物馆、固始西九华山等著名旅游景点。

鸡公山 >

河南的旅游胜地

信阳饮食文化优越，信阳菜、信阳小吃闻名天下，独具一格。信阳毛尖更是中国十大名茶之一。信阳毛尖，亦称"豫毛峰"，河南省著名特产。唐代茶圣陆羽所著的《茶经》，把信阳列为全国八大产茶区之一；宋代大文学家苏东坡尝遍名茶而挥毫赞道："淮南茶，信阳第一。"信阳毛尖茶清代已为全国名茶之一。

信阳毛尖素来以"细、圆、光、直、多白毫、香高、味浓、汤色绿"的独特风格而饮誉中外，具有生津解渴、清心明目、提神醒脑、去腻消食等多种功能。信阳毛尖品牌多年位居中国茶叶区域公用品牌价值第3位。1915年在巴拿马万国博览会上与贵州茅台同获金质奖，1990年"龙潭"毛尖茶代表信阳毛尖品牌参加国家评比，取得绿茶综合品质第一名的好成绩，荣获中国质量奖金质奖，1982年、1986年评为部级优质产品，荣获全国名茶称号，1991年在杭州国际茶文化节上，被授予"中国茶文化名茶"称号，1999年获昆明世界园艺博览会金奖。信阳毛尖不仅走俏国内，在国际上也享有盛誉，远销日本、美国、德国、马来西亚、新加坡、香港等20多个国家和地区，2007年日本世界绿茶大会荣膺最高金奖。

<信阳毛尖

第九节　豫北明珠——新乡市

"豫北明珠"新乡市地处中原腹地，太行山脉以东，黄河以北，紧邻省会郑州，是河南第三大城市，是豫北的政治、经济、文化和交通中心。

新乡源于西汉为获嘉县的新中乡，东晋太和五年（370 年）在今新乡市建新乐城。《史记志疑》说："乐者村落之谓，古字通用"，新乐亦即新乡之意。1949 年前新乡市是为中华民国平原省省会，1949 年建国后设新乡市。

"壮美太行、丰采新乡"。新乡背靠太行、南临黄河，灿烂的历史文化、优美的环境为新乡留下了丰富的旅游资源。"旧新乡八景"，主要位于今新乡市和新乡县内，分别为：五陵晓色、牧野春耕、李台晚照、故城络丝、司马迷魂、洪门夜月、原庄夏景、卫水金波。

新乡市拥有各类自然景观数百处，现有国家级文物保护单位 4 处，国家级森林公园一处，国家级湿地鸟类自然保护区一处，省级文物保护单位 42 处；国家级名胜风景区 6 处，省级名胜风景区 54 处，市级文物保护单位 500 余处，历史文化名城一处，历史文化名镇一处。人文景观与自然景观交相辉映，使新乡成为中国旅游度假的绝佳去处。新飞集团被确定为国家级工业旅游试点单位。

新乡的比较著名的风景区较多，特意挑选其中三个有代表性的景区做简单介绍。

姜太公故里景区由河南省中平旅游文化发展有限公司斥巨资开发建设。该景区位于河南省卫辉市西北十二公里处，属太行山东南麓，地跨太公泉镇和狮豹头乡，总面积四十八点五平方公里。姜太公故里景区由山区和平原两大组团构成。山区部分的主要景点有：迎神山、八卦亭、仙桃园、浑元图、香泉寺、天仙桥、姜太公文化苑、谭山、神仙洞、古罗盘、仙家庄、太公湖及华夏万通碑林等。

比干庙景区位于河南省卫辉市城北 7 公里处。比干墓从周武王克殷而封比干国神，迄今已 3000 余年。比干庙因墓而建，始建于北魏太和十八年（494 年）迄今已 1500 多年。

吴起城遗址位于新乡市区东边，距离市中心 10 公里。这是战国吴起屯兵之处，三国官渡之战主战场（曹操曾位于吴起城东南 3 公里处山岗指挥战斗（现存曹操庙一座）。宋元时期曾为酢国、卫州治所所在地。历史上一直背靠黄河，公元 1194 年，黄河改道，吴起城没落，最终掩埋黄沙之中。

第七章

继往开来的新河南

　　河南是中国经济大省，GDP 总量列全国第五位、中西部第一位，以河南为主体的中原经济区为中国第四大经济区。经过建国 50 年、特别是改革开放以来 20 年的快速增长，河南经济建设取得巨大成绩。目前，河南已成为我国中西部地区的首位经济大省，也是全国最重要的经济大省之一。

第一节　中原经济

　　河南是中国经济大省，GDP 总量列全国第五位、中西部第一位，以河南为主体的中原经济区为中国第四大经济区。经过建国 50 年、特别是改革开放以来 20 年的快速增长，河南经济建设取得了巨大的成绩。目前，河南已成为我国中西部地区的首位经济大省，也是全国最重要的经济大省之一。

　　河南省共 180 个产业集聚区，其中国家级开发区 5 个：郑州经济技术开发区、漯河经济技术开发区、开封经济技术开发区、鹤壁经济技术开发区、许昌经济技术开发区；国家高新技术开发区 4 个：郑州高新区、洛阳高新区、安阳高新区、南阳高新区。

郑东新区 >

中原经济区是全国重要的高新技术产业、先进制造业和现代服务业基地、能源原材料基地、综合交通枢纽和物流中心、区域性的科技创新中心。2011 年 9 月 29 日，国务院出台《国务院关于支持河南省加快建设中原经济区的指导意见》，建设中原经济区上升为国家战略。中原经济区战略定位为：国家重要的粮食生产和现代农业基地，全国工业化、城镇化和农业现代化协调发展示范区，全国重要的经济增长板块，全国区域协调发展的战略支点和重要的现代综合交通枢纽，华夏历史文明传承创新区。

一、农业

　　河南是小麦、棉花、油料、烟叶等农产品的重要生产基地，也是重要的食品工业大省。粮食产量占全国的 1/9、油料产量占全国的 1/7、牛肉产量占全国的 1/7、棉花产量占全国的 1/6。

　　河南省速冻食品品牌如三全食品、思念食品、云鹤食品、四季胖哥、科迪集团等占居市场第一方阵，全国大超市每 10 个饺子里中的 4 个、每

∧ 河南省倾力打造现代农业产业化集群

我爱河南

10 个汤圆中的 6 个产自河南；方便面品牌如白象食品集团、斯美特、南街村集团以及饼干等品牌市场占有率全国第一；肉制品品牌双汇集团、众品集团、大用集团、志元食业、永达集团、华英集团、伊赛牛肉，占据行业10 强，大用集团、永达集团等是麦当劳、肯德基在中国的主要半成品原料采购企业。

二、工业

河南工业门类覆盖了国民经济行业的 38 个大类，2011 年全部工业增加值 1.44 万亿元，汽车、电子信息、装备制造、食品、轻工、建材等六大高成长性产业比上年增长 25.3%，对全省规模以上工业增长的贡献率为69.6%。高技术产业增长 53.3%。河南省着力推进产业产品结构调整，进一步深化企业服务，强化要素保障协调，全省工业经济呈现出生产较快增长、效益稳步提升、结构不断优化、各地竞相发展的良好格局。

河南省的知名企业：河南煤业化工集团、中平能化集团、安阳钢铁、宇通集团、中信重工、中国一拖、风神轮胎、新飞电器、济源钢铁、豫光金铅、舞阳钢铁、栾川钼业、灵宝黄金、明泰铝业、义煤集团、中原油田、南阳油田、洛阳石化、万基控股集团、神火集团、蓝天集团、大阳摩托、少

郑州日产 >

继往开来的新河南

林客车、郑州日产、郑州海马、宇通重工、河柴重工、许继集团、LYC、ZYS、卫华集团、华兰生物、宛西制药、羚锐制药、辅仁药业、福森制药、神马集团、银鸽集团、金龙铜管、瑞贝卡、建业地产、正商地产、中部大观、鑫苑置业、天瑞集团。

三、现代服务业

近年来河南省服务业增加值以高于 10% 的速度稳定增长，服务业总量居全国第九位，中部六省第一位。在郑州地区零售业丹尼斯百货、金博大等大型百货引领潮流，易初莲花、家乐福、国美、大润发、沃尔玛等国内外著名连锁超市纷沓而至。2010 年河南省接待国内外游客总人数 2.58 亿人次，旅游总收入 2294 亿元。银行业、影视娱乐业、动漫业方兴未艾，郑州国家动漫基地 2010 年投资建设。全国四大期货交易所之一郑州商品交易所，"郑州价格"已成为全球小麦和棉花等期货价格的重要指标。知名品牌：丹尼斯百货、四方联采（许昌胖东来、洛阳大张、信阳西亚超市、南阳万德隆）、中原证券、中原信托、郑州银行、奥斯卡影城、中州国际集团、小樱桃动漫、华豫兄弟。

第二节　文化事业

河南省在建设文化强省的道路上，一直坚持把繁荣发展文化产业作为重要支柱，以优势文化产业为突破口，以打造文化品牌为首要任务，以开

发适销对路的文化产品为基础工作，以建立市场化运行机制为关键环节，以促进文化与旅游相结合为重大举措，开发创作了拥有自主知识产权的黄河文化品牌、中原文化品牌，形成了一批在国内有实力、在国际有影响的中原影视产业基地、中原报业产业基地、中原出版产业基地、中原娱乐产业基地。

一、演艺业成为生机勃勃的文化产业增长点

河南省演艺历史悠久，演艺资源丰富，发展演艺业条件优越、市场广阔。经过不断的摸索，河南省初步探索出一条政府主导、文旅联姻、企业经营、市场运作、依法管理、竞争发展的路子，有力推动了全省演艺业更好更快发展。《禅宗少林·音乐大典》、《大宋·东京梦华》等实景演出成为河

南文化旅游的知名品牌。白云山旅游景区通过开展民俗风情演出，开封清明上河园通过演绎宋文化历史故事，不断丰富旅游内涵，既增加了经济收益，又展示了中原文化。

二、出版业成为文化产业的主力军

通过高度重视、加强扶持，深化改革、增强活力，提高质量、多出精品，加强管理、促进繁荣，勤奋好学、优化素质，河南出版业发展的越来越好。截至 2007 年底，全省有图书出版社 12 家，报纸出版单位 123 家，期刊出版单位 242 家，电子音像出版社 4 家，网络出版单位 3 家。标志性出版工程《中原文化大典》基本完工；《小樱桃漫画》成为国内发行量最大的原创漫画图书。2007 年，中原出版传媒投资控股集团有限公司的成立，标志着我省出版界沿用了 50 余年的传统出版体制彻底尘封，全新的企业化经营管理体制正式启动。

∧《中原文化大典》

我爱河南

三、影视产业成为文化强省建设的重要支撑

　　河南省在发展影视产业的过程中，一直坚持改革体制机制，转变经营方式，开拓题材品种，逐步做大做强。河南文化影视集团有限公司挂牌成立，不仅初步建立了现代企业制度，还被文化部命名为国家文化产业示范基地，公司以奥斯卡电影院线为依托，在上海、西安、海口等城市建设了10余座奥斯卡五星级影城，初步形成植根郑州、西安，辐射全国的电影放映网络，排名位居全国第9位。河南天乐动画影视发展有限公司正式成立，成为全省第一家三维动画公司，公司拍摄的原创动漫电视连续剧《独脚乐园》已在国内外许多电视媒体播出。

四、农村文化产业闯市场打品牌

河南省现有文化产业示范村 30 个；"农家书屋"工程建设全面启动，已建成 3800 个。在全国著名的"魔术之乡"宝丰县，由民间演出团体组成的演艺集团公司正式挂牌运营，成为河南省第一家县级演艺集团公司，全年演出超过万场（次），演出收入突破 4 亿元，被中宣部、文化部称为"宝丰现象"。民权县王公庄村农民靠画虎画出了一个新产业、画出了一个新农村、画出了一片新天地，成为远近闻名的"画虎村"。2008 年农历大年初一，时任中共中央政治局委员、中央书记处书记、中宣部部长刘云山同志给"画虎村"的农民画家们亲笔回信，勉励大家不畏困难、勇于创新，不断绘就新的画图，并随信赋诗一首："荷锄也可弄丹青，不描花草画虎雄。泼墨岂只为斗米，虎虎生风长精神。"高度赞扬了王公庄村农民的文化创造活力。

图片授权

全景网

壹图网

林静文化摄影部

敬 启

本书图片的编选，参阅了一些网站和公共图库。由于联系上的困难，我们与部分入选图片的作者未能取得联系，谨致深深的歉意。敬请图片原作者见到本书后，及时与我们联系，以便我们按国家有关规定支付稿酬并赠送样书。

联系邮箱：932389463@QQ.com